CB061273

Walmir Ayala
SELEÇÃO E ORGANIZAÇÃO

POEMAS DE AMOR

SHAKESPEARE, CAMÕES, MACHADO, FLORBELA, LORCA E OUTROS 115 POETAS DE ONTEM E DE HOJE

EDIÇÃO REVISTA E ATUALIZADA POR
André Seffrin

EDITORA
NOVA
FRONTEIRA

Copyright © 2021 Editora Nova Fronteira Participações S.A.
Copyright © 2021 André do Carmo Seffrin, da coordenação

Copyright © 2021 Afonso Henriques de Guimaraens Neto ("Soneto do amor fiel", de Alphonsus de Guimaraens Filho); Alberto Vasconcellos da Costa e Silva ("*Paradise lost*", de Da Costa e Silva, "O amante", de Alberto da Costa e Silva); Alexei Bueno Finato ("Sonetos X e XVIII", "Canção"); Amaury Menezes Pereira Filho ("Reflexões – Poema IX", de Gilka Machado); Amélia Maria Navarro Moro ("A elegia dos salgueiros", de Augusto Meyer); Anderson Braga Horta ("Didática 6: amor"); André do Carmo Seffrin ("Tempo de amor", "Voto", de Walmir Ayala): António Botto ("Canções 14 e 15"); Antonio Brasileiro Borges ("Lírica"); Antonio Carlos Secchin ("Cantiga"); Antonio Carlos Villaça ("O anel"); Arlete Nogueira da Cruz Machado ("Canção austríaca", de Nauro Machado); Armando Martins de Freitas Filho ("Escritura"); Armindo Trevisan ("Septenário do amor: poema II"); Arnaldo Baptista Saraiva ("À flor da pele", "Terceira margem"); Astier Basílio da Silva Lima ("Amour – ou soneto para as mãos de George sobre o rosto de Anne"); Astrid Cabral Felix de Sousa ("Sonetos XV e XVI", de Afonso Felix de Sousa, "Nudez", de Astrid Cabral); Carlos Corrêa de Araújo Ávila ("Soneto de amor", de Affonso Ávila, "O amor", de Carlos Ávila); Carlos Nejar ("Gazel do teu paraíso"); Cláudio Neves ("Do amor antigo"); Carlos Newton Júnior ("Poemas 23 e 43 de Ressurreição"); Cristiana Santiago Tejo ("Soneto dos dedos que falam", "Só, contigo", de Orlando Tejo); Davino Ribeiro de Sena ("Tudo exceto amor"); Eduardo Campos da Paz Mondolfo ("Direitos autorais"); Emil de Castro ("Diálogo"); Espólio Foed Chamma ("Chaves – Soneto 7"); Espólio Roberto Seljan Braga ("Soneto – E quando nós saímos era a lua...", de Rubem Braga); Gonçalo de Medeiros Ivo ("Soneto da vigilância", de Lêdo Ivo); Joaquim António Emídio ("Hoje os teus lábios anunciavam a vindima"); Kátia Regina Macêdo Borges ("Amor"); Luci Maria Dias Collin ("Insoneto"); Luís Cunha Pimentel ("Merecimento"); Luiz Carlos Lacerda de Freitas ("Último canto de janeiro"); Majela Colares ("O amor e sua hora"); Marco Américo Lucchesi ("Soneto marinista n. 2", "Moro na transparência desses olhos..."); Maria Elisa Carpi ("Se houver um sol..."); Mario Faustino ("O mundo que venci deu-me um amor"); Miguel Sanches Neto ("Envelhecido vinho"); Paulo de Albuquerque Sá Brito ("Tempo de amar", de Glauco Flores de Sá Brito); Ricardo Vieira Lima ("Um amor"); Roberval Alves Pereira ("Para Bárbara"); Roseana Murray ("Vestígios"); Ruy Espinheira Filho ("Soneto de um amor"); Sara Regina Albuquerque França ("sim", "finalmente. a gente vai se olhar e dizer eu te amo"); Sérgio de Castro Pinto ("Jogo frugal"); Vergílio Alberto Vieira ("Para desagravo de amor imerecido", "De que outro amor então, amor, me falas"); Vivaldo Lima Trindade ("Um poema de amor"); Wagner Schadeck ("A espada", "O Luzeiro", "Jamais dê todo o coração")

Direitos de edição da obra em língua portuguesa no Brasil adquiridos pela EDITORA NOVA FRONTEIRA PARTICIPAÇÕES S.A. Todos os direitos reservados. Nenhuma parte desta obra pode ser apropriada e estocada em sistema de banco de dados ou processo similar, em qualquer forma ou meio, seja eletrônico, de fotocópia, gravação etc., sem a permissão do detentor do copirraite.

EDITORA NOVA FRONTEIRA PARTICIPAÇÕES S.A.
Rua Candelária, 60 — 7º andar — Centro — 20091-020
Rio de Janeiro — RJ — Brasil
Tel.: (21) 3882-8200

Crédito da imagem de capa: Gustav Klimt.
O beijo (detalhe)
OST 1908-1909
Museu Belvedere, Vienna

Dados Internacionais de Catalogação na Publicação (CIP)

A973p   Ayala, Walmir
         Poemas de amor / Walmir Ayala. – 2.ed. – Rio de Janeiro : Nova Fronteira, 2021.
         224 p. : il. ; 15,5 x 23cm

         ISBN: 978-65-5640-307-6

         1. Literatura brasileira. I. Título

                                      CDD: B869
                                      CDU: 82-31 (81)

André Queiroz – CRB-4/2242

SUMÁRIO

Esta nova edição..9
Apresentação...11

AUTORES NACIONAIS

Adelino Fontoura...15
Affonso Ávila 16
Afonso Felix de Sousa 17
Alberto da Costa e Silva 19
Alberto de Oliveira 20
Alceu Wamosy 23
Alexei Bueno 24
Alphonsus de Guimaraens 26
Alphonsus de Guimaraens Filho 27
Alvarenga Peixoto 28
Álvares de Azevedo 29
Anderson Braga Horta 30
Antonio Brasileiro...31
Antonio Carlos Secchin 32
Antonio Carlos Villaça 33
Armando Freitas Filho 34
Armindo Trevisan 35
Artur Azevedo 36
Astier Basílio..37
Astrid Cabral 38
Augusto Meyer 39
Azevedo Cruz..41

Basílio da Gama 42
Bernardo Guimarães 43
Botelho de Oliveira...44
Carlos Ávila..46
Carlos Nejar 47
Carlos Newton Júnior...49
Casimiro de Abreu 51
Castro Alves 54
Cláudio Manuel da Costa..57
Cláudio Neves 60
Cruz e Sousa 61
Da Costa e Silva..63
Davino Ribeiro de Sena..64
Domingos Caldas Barbosa 65
Eduardo Mondolfo 67
Emil de Castro 68
Emílio de Menezes 69
Fagundes Varela 70
Foed Castro Chamma 74
Francisca Júlia 75
Francisco Otaviano 76
Gilka Machado 77
Glauco Flores de Sá Brito 78
Gonçalves Dias 80
Gregório de Matos..83
José Bonifácio, o Moço 84
Júlio Salusse 85
Kátia Borges 86
Lêdo Ivo...87
Lima Trindade..88
Luci Collin 89
Luís Pimentel...90
Luís Guimarães Júnior..91
Luís Murat...93
Luiz Carlos Lacerda 95
Machado de Assis 96
Maciel Monteiro...97

Majela Colares 98
Marco Lucchesi 99
Maria Carpi 100
Mário de Andrade 101
Mário Faustino 102
Miguel Sanches Neto 103
Nauro Machado 105
Olavo Bilac 106
Orlando Tejo 108
Raimundo Correia 110
Raul de Leoni 112
Ricardo Vieira Lima 113
Roberval Pereyr 114
Rodrigues de Abreu 115
Roseana Murray 116
Rubem Braga 117
Ruy Espinheira Filho 118
Sara Albuquerque 119
Sérgio de Castro Pinto 121
Silva Alvarenga 122
Tomás Antônio Gonzaga 124
Vicente de Carvalho 128
Wagner Schadeck 130
Walmir Ayala 131
Zeferino Brasil 133

AUTORES ESTRANGEIROS

Albert Samain 137
Alexis-Félix Arvers 138
António Botto 139
António Dinis da Cruz e Silva (Elpino Nonacriense) 140
António Ribeiro dos Santos (Elpino Duriense) 141
Arnaldo Saraiva 142
Bocage 145
Camilo Pessanha 146

Charles Baudelaire 148
Federico García Lorca 151
Fernando Pessoa 153
Florbela Espanca 154
Francisco Manuel de Melo 155
Friedrich Gottlieb Klopstock 157
Goethe 159
Heinrich Heine 160
Jean Richepin 162
João Ruiz de Castelo Branco 164
Joaquim António Emídio 165
John Clare 166
José Maria de Heredia 167
Lamartine 169
Leopardi 171
Luís de Camões 176
Luís de Góngora 179
Mihai Eminescu 181
Molière 198
Paul Verlaine 199
Petrarca 202
Raimundo Lúlio 203
Rûmî 205
Sully Prudhomme 206
Vergílio Alberto Vieira 208
Victor Hugo 210
William Butler Yeats 214
William Shakespeare 215

Agradecimento 219

ESTA NOVA EDIÇÃO

"Uma antologia não é o fim, é o percurso, e o processo está sempre aberto", afirmou Walmir Ayala ao entregar à editora este que foi o último de seus trabalhos como antologista, em fins da década de 1980. Colaborei com ele naquela já distante primeira edição, publicada logo após a sua morte. Agora, esta nova edição, revista e atualizada, leva adiante o trabalho desse poeta que aliava, à qualidade de sua própria poesia, o raro e generoso empenho de divulgar a poesia de outros poetas nas tantas antologias que organizou a partir da década de 1960.

Daquela distante primeira edição a esta de agora, procurei manter fidelidade ao projeto original. Sobre a ausência de determinados poetas, permanecem na ordem do dia as palavras do autor em 1989: "Topei com alguns bloqueios, e peço que não me creditem certas ausências, provocadas muitas vezes por falta de entendimento entre antologista e poetas, principalmente entre os que, depois de sua morte, os representam."

Frente a esses e outros impasses, decidi buscar mais poetas, sobretudo entre aqueles que se destacaram nas últimas décadas. O que não deixa de ser um tributo à memória de Walmir, assíduo antologista que trabalhou sempre atento às novas gerações. Por fim, sem a sua clara permissão, incluí dois poemas de sua autoria. Isso porque, pertencente à mesma geração de seus amigos Alberto da Costa e Silva e Mário Faustino, Walmir Ayala igualmente compôs belos poemas de amor.

André Seffrin
Rio de Janeiro, fev. 2021.

APRESENTAÇÃO

Infelizmente não li todos os poemas de amor escritos no mundo, nem sequer os que foram escritos no Brasil, para me arvorar a perfeito antologista da matéria. Acho que o amor, como a morte, está na essência modular da poesia. Mas recolhi, aqui e ali, momentos da lírica amorosa que me impressionaram; descobri outros agora, e posso dizer, como um dia disse Manuel Bandeira, que a antologia poética de uma língua não se faz com um volume, mas com muitos que, somados, possam dar uma ideia do possível.

O Brasil sempre foi pródigo em suscitar cismas de amor em seus poetas. A raiz portuguesa, o clima tropical, a culinária, a ginga, o sestro e, por que não dizer, a paixão foram temperos hábeis dessa construção. Todo brasileiro, poeta ou não, raramente escapa de verter em versos o elogio da amada, na origem da descoberta do amor; e, quando não sente, inventa. Como o amor é sempre uma triste elipse de descoberta, fulgor e declínio, a maioria dos nossos verdadeiros cantos de amor tem sabor de elegia. Só são altos e abertos quando a morte — a outra asa do anjo — interrompe e eterniza o sentimento.

Nesta seleção de poemas de amor podemos seguir várias trilhas, além da mais frequente de cantar a impossibilidade de atingir o alvo perfeito — e o poeta é, irremissivelmente, um viciado em tocar a perfeição. Raramente aparece o humor, muitas vezes a declaração do amor completo e consumado, geralmente quando o poeta se dá conta de que, através de uma figura, perseguiu e atingiu o próprio amor. Ou seja, o amor pelo amor.

Gostei de organizar este livro. Topei com alguns bloqueios, e peço que não me creditem certas ausências, provocadas muitas vezes por falta de entendimento entre antologista e poetas, principalmente entre os que, depois de sua morte, os representam. Mesmo que eu conseguisse reunir tudo o que ambiciono, ainda assim estou certo de que não tocaria no justo, quando muito no razoável. E é isso o que ofereço ao leitor. Sobretudo quero instigar este leitor a descobrir seu poema de amor, ausente deste florilégio, e até mesmo escrever seu poema de amor, como resposta a tantas provocações. E, se quiser generosamente enviar sugestões, pode crer, tal leitor, que este antologista agradece e promete corrigir, uma vez convencido, os lapsos havidos.

Porque, afinal, uma antologia não é o fim, é o percurso, e o processo está sempre aberto.

Walmir Ayala
Rio de Janeiro, abr. 1989.

AUTORES NACIONAIS

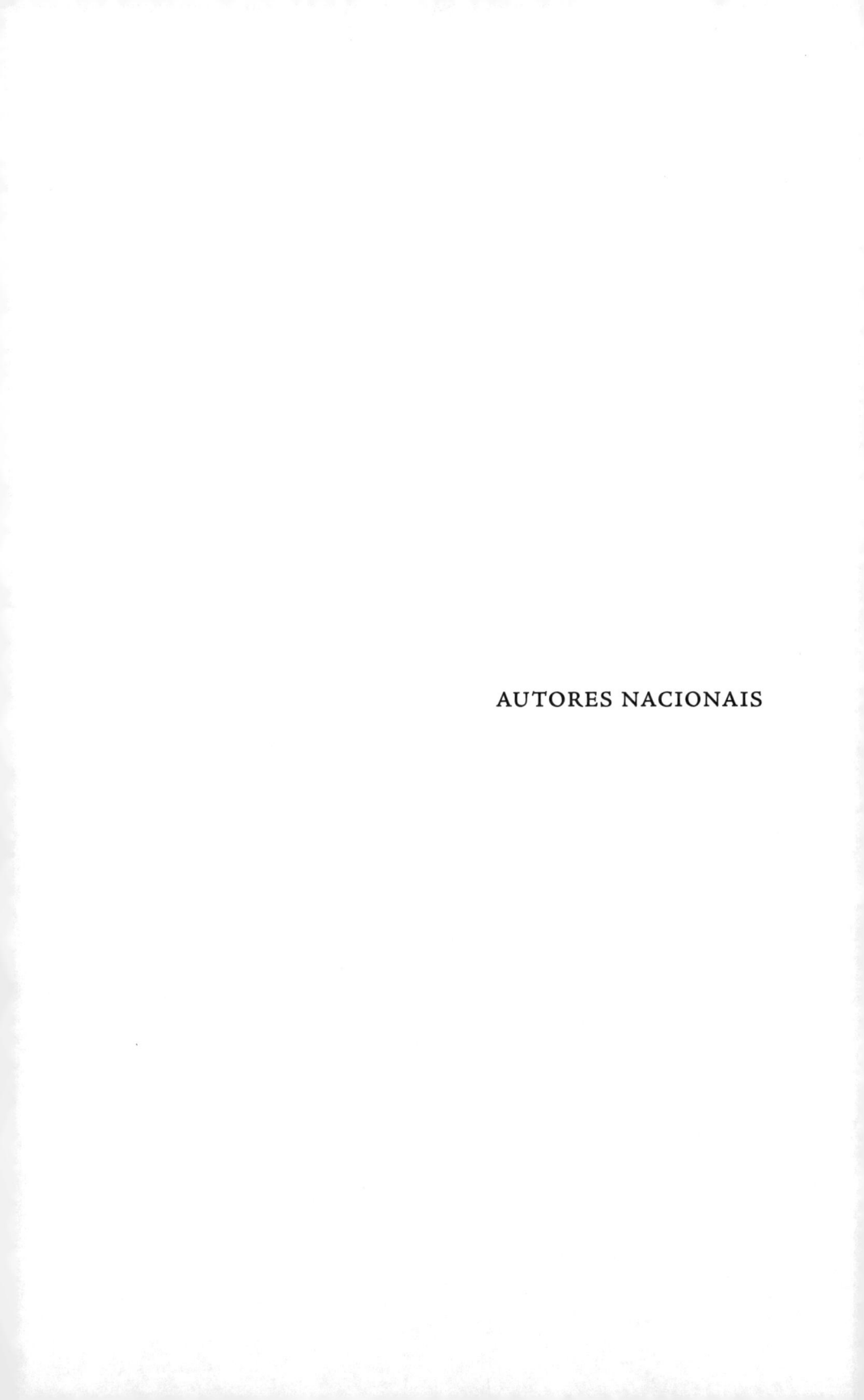

ADELINO FONTOURA
1859, Axixá, MA – 1884, Lisboa, Portugal

Atração e repulsa

Eu nada mais sonhava nem queria
que de ti não viesse, ou não falasse;
e como a ti te amei, que alguém te amasse
coisa incrível até me parecia.

Uma estrela mais lúcida eu não via
que nesta vida os passos me guiasse,
e tinha fé, cuidando que encontrasse,
após tanta amargura, uma alegria.

Mas tão cedo extinguiste este risonho,
este encantado e deleitoso engano,
que o bem que achar supus, já não suponho.

Vejo enfim que és como um peito desumano;
se fui té junto a ti de sonho em sonho,
voltei de desengano em desengano.

AFFONSO ÁVILA
1928, Belo Horizonte, MG – 2012, idem

Soneto de amor

O coração não pulsa a clave dura
cantando a rosa de si mesma urdida,
seu tempo esculpe a aurora sem medida
sobre as orlas da carne que amadura.

Nenhuma fonte aqui nos inaugura
com a floração de água surpreendida,
revolvemos os campos onde a vida
pendoa-se e aos seus dias transfigura.

Confluência de vento e flauta rústica,
em nosso lábio colhem outra acústica
os pássaros moldados pela tarde.

Entanto, despojando-se de tudo
o amor ainda se apura e, embora mudo,
faz do silêncio a fórmula de alarde.

AFONSO FELIX DE SOUSA
1925, Jaraguá, GO – 2002, Rio de Janeiro, RJ

Soneto XV

Talvez não fora amor, mas por encantamento
mares de fúria e sal tremeram de ternura.
E muito dei de amar no enlevo de um momento,
ao súbito acordar no estuário da procura.
Na face do silêncio, em deslembrado espelho,
abriu-se novo espaço, e nele um tempo louco
do portal que me encerra arrancou o cravelho,
e de um mundo perdido eu pude ter um pouco.
Por ter-me dado todo, eu pude ter bastante.
Pude subir ao céu e acender uma estrela.
Pude chegar ao mar e ouvir um mar distante.
Pude apanhar a vida e em minhas mãos bebê-la.
      E pude até sentir o seu veneno lento...
      Talvez não por amor, mas por deslumbramento.

Soneto XVI

Eu cantarei de amor, mas não tão docemente
que possas no meu canto ouvir mais do que diz;
e se toda expressão fala a verdade e mente,
serei, sempre que cante, infeliz e feliz.
A sede junto à fonte (e nunca amortecida!)
no húmus da minha voz podes sentir, se a escutas.
E eis meu canto, eis cristais jogados frente à vida
como sonhos de amor aos pés de prostitutas.
Quanto guardara em mim de efêmero e incorpóreo,
quanto de espaço e tempo eu sinto a dar no peito,
tudo é matéria ao canto — e acorda um território
entre as esquinas de um pretérito imperfeito.
    Mas por dizer *amar* no infinito presente,
      eu cantarei de amor… mas não tão docemente!

ALBERTO DA COSTA E SILVA
1931, São Paulo, SP

O amante

Logo será tempo de amar e não amar,
amando, não o amor que em nós se faz
como os pelos das feras, que surgem de seu sangue,
mas o que corta a nossa carne como a chuva
e arde como um sol não recordado
ao relento, de noite, junto à fonte
do orvalho, mas terroso, estupro e cacto.
Febre do céu, o que amar amamos
não é tempo de amar agora, mas
o huno amor, o chão que corrompemos
com boi e grão, este partir em fome.

ALBERTO DE OLIVEIRA
1857, Palmital de Saquarema, RJ – 1937, Niterói, RJ

Alma em flor
Primeiro canto – Poema III

Que ânsia de amar! E tudo a amar me ensina;
A fecunda lição decoro atento.
Já com liames de fogo ao pensamento
Incoercível desejo ata e domina.

Em vão procuro espairecer ao vento,
Olhando o céu, os morros, a campina,
Escalda-me a cabeça e desatina,
Bate-me o coração como em tormento.

E à noite, ai! como em mal sofreado anseio,
Por ela, a ainda velada, a misteriosa
Mulher, que nem conheço, aflito chamo!

E sorrindo-me, ardente e vaporosa,
Sinto-a vir (vem em sonho), une-me ao seio,
Junta o rosto ao meu rosto e diz-me: — Eu te amo!

Versos do coração

Sabes dos versos meus quais os versos melhores?
São os que noutro dia eu fiz, pensando em ti;
Amassados em fel, misturados com flores,
Trago-os no coração e nunca os escrevi.

Sinto-os ora em canções, ora em soberbas odes,
Como nunca os sonhou musa pagã, cantar;
Quando comigo estás, tu surpreender-me podes
Nos olhos, como um sol, a estrofe lampejar.

Do peito que a gerou, como de incandescente
Ninho, ela sai; e ali, de meu pranto através,
Transformada ao passar numa lágrima ardente,
Vai cair silenciosa e extática aos teus pés.

Suas irmãs, no entanto, ou lânguidas ou vivas,
Ficam lá dentro e em coro alternam queixas e ais;
Prisioneiras de amor, pobres mouras cativas!
Ninguém o elo que as prende há de quebrar jamais!

Ninguém as há de ouvir! abafadas nasceram
Em sua própria dor, dentro do coração,
Abafadas, assim como os sonhos morreram
E a esperança morreu, lá dentro morrerão.

Se me sorris, não sei que forças lhes emprestas,
Que almo alento e vigor, meu lírio virginal!
Freme, retine a rima, e todo fogo e festas
Vibra cada hemistíquio um cântico nupcial.

Se me falas, porém, com a altivez costumada,
Ah! que música triste e que infeliz sou eu!
Tudo o que há pouco ouvia em festival toada,
Se foi a lento e lento e desapareceu.

E pelo coração rola um vasto lamento
Elegíaco e rouco, assim como um tambor,
Rufando em cada verso a ária do desalento
Do meu profundo amor, meu desgraçado amor.

ALCEU WAMOSY
1895, Uruguaiana, RS – 1923, Livramento, RS

Duas almas

Ó tu, que vens de longe, ó tu, que vens cansada,
entra, e, sob este teto encontrarás carinho;
Eu nunca fui amado, e vivo tão sozinho,
vives sozinha sempre, e nunca foste amada...

A neve anda a branquear, lividamente, a estrada,
e a minha alcova tem a tepidez de um ninho.
Entra, ao menos até que as curvas do caminho
se banhem no esplendor nascente da alvorada.

E amanhã, quando a luz do sol dourar, radiosa,
essa estrada sem fim, deserta, imensa e nua,
podes partir de novo, ó nômade formosa!

Já não serei tão só, nem irás tão sozinha:
Há de ficar comigo uma saudade tua...
Hás de levar contigo uma saudade minha...

ALEXEI BUENO
1963, Rio de Janeiro, RJ

Magnificat

Poema X

Fome e sede de ti que me acordaste
Da sonolência insípida e irrisória.
Tonto de ausência, eu te acho na memória
Onde vivo nos gestos que deixaste.

Como folhas que tornam para a haste
Percorro ainda contigo a oculta história
Que nunca irá tombar na noite inglória
Pois teve a hora suspensa como engaste.

E assim sigo ao teu lado neste sonho
Que, como o foi ao ser, tal é não sendo,
E toco-te e em tua boca e mãos deponho

Meu coração, nas tuas mãos sonhadas,
Para que o guardem bem, só o estendendo
Às tuas mãos reais tão esperadas.

2-12-1989

Poema XVIII

Beijasse os teus cabelos neste instante,
Teus dedos, todo o teu corpo ansiado,
Com a volúpia de um náufrago abraçado
Ao que o salva por sobre o mar uivante.

Bebesse, numa sede delirante,
Teu ser por tua boca, extenuado,
Como um que no deserto abandonado
Chegasse enfim à fonte gotejante.

Cerrasse-me ao teu flanco, entre teus braços,
Como as heras vorazes se enroscando
A um tronco num abraço de mil laços.

Sorvesse a tua voz, teu corpo inteiro,
Como um réu sem perdão por fim lançando
Ao mundo o olhar liberto e derradeiro.

15-12-1989

ALPHONSUS DE GUIMARAENS
1870, Ouro Preto, MG – 1921, Mariana, MG

Hão de chorar por ela os cinamomos...

Hão de chorar por ela os cinamomos,
Murchando as flores ao tombar do dia.
Dos laranjais hão de cair os pomos,
Lembrando-se daquela que os colhia.

As estrelas dirão: "— Ai! nada somos,
Pois ela se morreu, silente e fria..."
E pondo nela os olhos como pomos,
Hão de chorar a irmã que lhes sorria.

A lua, que lhe foi mãe carinhosa,
Que a viu nascer e amar, há de envolvê-la
Entre lírios e pétalas de rosa.

Os meus sonhos de amor serão defuntos...
E os arcanjos dirão no azul ao vê-la,
Pensando em mim: "— Por que não vieram juntos?"

ALPHONSUS DE GUIMARAENS FILHO
1918, Mariana, MG – 2008, Rio de Janeiro, RJ

Soneto do amor fiel

Numa vida imperfeita, no imperfeito
mundo — sozinhos e desenganados —
da afeição que ilumina iluminados
como de um sol oculto em nosso peito,

que em nós subitamente se levante
a delicada, a matinal lembrança
do que chama nos foi sendo esperança
e hoje é nuvem pousada em céu distante.

Flua de nossas almas luminosa
serenidade, e em paz alimentemos
o que o mundo tornou em rebeldia.

Que o sentimento seja a frágil rosa
à beira de um abismo que não vemos,
cegos de tanto respirar o dia...

ALVARENGA PEIXOTO
1743 ou 1744, Rio de Janeiro, RJ – 1791, Angola, África

Eu vi a linda Jônia e, namorado...

Eu vi a linda Jônia e, namorado,
fiz logo voto eterno de querê-la;
Mas vi depois a Nise, e é tão bela,
que merece igualmente o meu cuidado.

A qual escolherei, se, neste estado
eu não sei distinguir esta daquela?
Se Nise agora vir, morro por ela,
Se Jônia vir aqui, vivo abrasado.

Mas ah! que esta me despreza, amante,
pois sabe que estou preso em outros braços,
e aquela me não quer, por inconstante.

Vem, Cupido, soltar-me destes laços:
ou faze destes dois um só semblante,
ou divide o meu peito em dois pedaços!

ÁLVARES DE AZEVEDO
1831, São Paulo, SP – 1852, Rio de Janeiro, RJ

Soneto

Pálida, à luz da lâmpada sombria,
Sobre o leito de flores reclinada,
Como a lua por noite embalsamada,
Entre as nuvens do amor ela dormia!

Era a virgem do mar! na escuma fria
Pela maré das águas embalada!
Era um anjo entre nuvens d'alvorada
Que em sonhos se banhava e se esquecia!

Era mais bela! o seio palpitando...
Negros olhos as pálpebras abrindo...
Formas nuas no leito resvalando...

Não te rias de mim, meu anjo lindo!
Por ti — as noites eu velei chorando,
Por ti — nos sonhos morrerei sorrindo!

ANDERSON BRAGA HORTA
1934, Carangola, MG

Didática 6: amor

Amor é, não possuí-lo: amor, vivê-lo.
Possuí-lo é desvendá-lo. E amor — verdade,
beleza, poesia —, sarça ardente,
é refratário a toda matemática.

Amor é sol que não se vê mas queima.
Ave, não canta, mas lhe o canto ouvimos,
— mas de um outro entender, que só de ouvidos
da alma é ouvir cantigas represadas.

Sol e ave. Mas, ave, é um sol que brilha.
Queimar-se dele. Por suprema graça,
ver-lhe do espectro as invisíveis cores.

Jamais situá-lo, em tosca astronomia.
Pesquisá-lo é destruí-lo.
       Amor, portanto:
queimar-se, e só, sem mais filosofia.

ANTONIO BRASILEIRO
1944, Ruy Barbosa, BA

Lírica

Amar é temer a si nas horas cruas,
é não encontrar a pérola perdida
— onde? —
        amar oh amar
é saber-se pequeno, sísifo, somente —
é saber-se somente, unicamente
   oh amar!
        amar amar
como se a própria face não bastara
— e completar-se na face projetada
e projetar-se no gozo e além do gozo
e além do gozo no filho e além do filho na
eternidade
        amor ah amor
é saber-se perdido, é não saber-se:
e amanhã será tudo esquecido.

ANTONIO CARLOS SECCHIN
1952, Rio de Janeiro, RJ

Cantiga

Senhora, é doença tão sem cura
meu querer de vossos olhos tão distantes,
que digo: é maior a desventura
ver os olhos sem os ver amantes.

Senhora, é doença tão largada
meu querer de vossa boca tão serena,
que até mesmo a cor da madrugada
é vermelha de chorar a minha pena.

ANTONIO CARLOS VILLAÇA
1928, Rio de Janeiro, RJ – 2005, idem

O anel

Coloca o anel no meu dedo.
E com o anel põe a tua vida.
Os dias todos a viver.
E os sonhos.
E o medo.
E a morte.
Põe tudo no meu dedo.
A tua vida e a tua morte.
O teu trabalho e o teu descanso.
A tua alegria e a tua tristeza.
As horas, os minutos.
O silêncio, a palavra.
A força e a fraqueza.
O longo frêmito.
O coração.
O corpo.
Mutuamente,
profundamente,
                para sempre. Amém.

ARMANDO FREITAS FILHO
1940, Rio de Janeiro, RJ

Escritura

No escuro eu não apuro
o que de você existe entrelaçado
neste muro: no escuro o que procuro
é a cruz do seu corpo, a cicatriz
o punho, a palma no instante
da abertura, o espaço tão vazio
onde situo, a perda, a ruptura,
a veia degolada, e gota a gota
o inútil rumo do meu sangue:
um derrame de ramos feito de sussurros
e esta ferida que não para
e que tanto me custa descrevê-la
e quanto mais eu grito, mais ela fura:
sanha, descostura de mim — amor
eu sangro aqui, sob a lâmina
de sua fala, assim, punhal
palavra que não seguro e se enterra
até o fundo, até o cabo, em toda a treva
e na esplanada de areia da memória
o que escrevo é somente um risco
um corte que a lembrança acorda
ou este acorde que suas garras tocam.

ARMINDO TREVISAN
1933, Santa Maria, RS

Septenário do amor
Poema II

Se o amor for como um sopro que partiu,
por entre dentes, de um coração formoso,
talvez o som da flauta diga ao ar

Aquilo que do ar lhe veio vindo,
e assim se saiba, ao certo, o que é o amor
à orla de uma eterna despedida.

Vigiai os olhos límpidos da amada:
ah, como são repletos de agonias,
e em cada um deles a flecha está parada!

Para se amar, de um amor sem limites,
convém não esperar do amor senão
o pouco que a noite tem de seu,

e o muito que ela espera sem saber.

ARTUR AZEVEDO
1855, São Luís, MA – 1908, Rio de Janeiro, RJ

Vem!

Escrúpulos?... Escrúpulos!... Tolice!...
Corre aos meus braços! Vem! Não tenhas pejo!
Traz teu beijo ao encontro do meu beijo
E deixa-os lá dizer que isto é doidice!

Não esperes o gelo da velhice,
Não sufoques o lúbrico desejo
Que nos teus olhos úmidos eu vejo!
Foges de mim?... Farias mal?... Quem disse?

Ora o dever! — o coração não deve!
O amor, se é verdadeiro, não ultraja
Nem mancha a fama embora alva de neve.

Vem!... que o teu sangue férvido reaja!
Amemo-nos, amor, que a vida é breve,
E outra vida melhor talvez não haja!

ASTIER BASÍLIO
1978, Vitória de Santo Antão, PE

Amour – **ou soneto para as mãos de George sobre o rosto de Anne**

Seja Amor habitar o que há de escuro.
Conseguir com as mãos que exista um espelho
com que o Outro especula-se. A dúvida:
é possível andar na sombra alheia?

A maneira como a dança se efetua,
seja isso o Amor. Os pés em erros
de uma sonata de Schubert. Seja a tua
e a minha mão, e o mundo inteiro

dependendo (se houver ou não perguntas)
de que o duo preencha um só silêncio.
Um sol cego. Uma cortina branca. A rua.
O que se junta e o que se espatifa. O Mesmo

em números desiguais cravando um nós.
O que dói. O que dói. E o que dói.

ASTRID CABRAL
1936, Manaus, AM

Nudez

Por sorte a paixão nos toca
pondo à tona o subjacente magma.
Por sorte de fundas camadas
o eu assoma de entre sombras
e cegos de paixão vemos o ser
que dormia em lençóis de trevas.
Então de pudor a razão nos cobre
a incômoda nudez de frios argumentos
e recobre nossas próprias entranhas
de estranhas peles sobre a epiderme.
Mas bendizemos o corpo que nos redime
e nos queremos selvagens, puros, nus.
Salvos pela misericórdia de nossa miséria.

AUGUSTO MEYER
1902, Porto Alegre, RS – 1970, Rio de Janeiro, RJ

A elegia dos salgueiros

Há nuvens róseas sobre a colina.
A tarde é loura.
Folhas caíam dos plátanos, girando
em remoinhos na poeira.

Os chorões são como prantos de folhagem,
como um gesto verde sobre as águas lisas,
uma benção de folhas...

Na mesma tarde loura, há muitos anos,
eu amei os teus olhos de águas lisas,
eu fiquei debruçado, pensativamente,
como um salgueiro sobre as águas de um açude,
como um salgueiro — sobre a tua vida.

E eras indiferente
como as águas.
Mas eu vira o meu reflexo, trêmulo, trêmulo,
a ilusão da minha dor na tua alma.

E passavas, e fugias
como as águas.

Mas eu ouvira, entre os ramos verdes,
as canções de esperança;
era o meu sonho deixar nas águas mansas
cair a oferta silenciosa das folhas.

E sorrias, e passavas
como as águas.

Vai longe, no além, a tarde loura;
folhas caíam dos plátanos, girando
em remoinhos, na poeira.

Olho os salgueiros, numa cisma que flutua
sobre as águas do mistério...

Alguma cousa misteriosa
vai levando a nossa vida como as folhas sobre as águas...

AZEVEDO CRUZ
1870, Campos, RJ – 1905, Nova Friburgo, RJ

Orgulhosa

Teu desdenhoso olhar, de deusa desterrada
Da olímpica mansão das almas soberanas,
É a muralha em que esbarra a alcateia esfaimada
Das humanas paixões, das misérias humanas!

Na diluência sutil de uma chuva dourada,
Serenamente escorre através das pestanas,
E interdito às visões e às miragens profanas,
Olha, e é debalde que olha — esse olhar não vê nada...

Passas. Sôfrego logo, inquieto logo, ansioso,
Procuro o teu olhar, busco a tua pupila,
Como o nauta a um farol, sobre o mar tenebroso...

E em vão nos cílios teus, ávido, o olhar mergulho!
Somente uma ou outra vez, na retina tranquila,
Passa um clarão fugaz de desprezo e de orgulho!

BASÍLIO DA GAMA
1741, Tiradentes, MG – 1795, Lisboa, Portugal

A uma senhora

Na idade em que eu brincando entre os pastores,
Andava pela mão e mal andava,
Uma ninfa comigo então brincava
Da mesma idade e bela como as flores.

Eu com vê-la sentia mil ardores;
Ela punha-se a olhar e não falava;
Qualquer de nós podia ver que amava,
Mas quem sabia então que eram amores?

Mudar de sítio à ninfa já convinha,
Foi-se a outra ribeira; e eu só, naquela
Fiquei sentindo a dor que n'alma tinha,

Eu cada vez mais firme, ela mais bela;
Não se lembra ela já de que foi minha,
Eu ainda me lembro que sou dela!...

BERNARDO GUIMARÃES
1825, Ouro Preto, MG – 1884, idem

Se eu de ti me esquecer

Se eu de ti me esquecer, nem mais um riso
Possam meus tristes lábios desprender;
Para sempre abandone-me a esperança,
    Se eu de ti me esquecer.

Neguem-me auras o ar, neguem-me os bosques
Sombra amiga, em que possa adormecer,
Não tenham para mim murmúrio as águas,
    Se eu de ti me esquecer.

Em minhas mãos em áspide se mude
No mesmo instante a flor, que eu for colher;
Em fel a fonte, a que chegar meus lábios,
    Se eu de ti me esquecer.

Em meu peregrinar jamais encontre
Pobre albergue, onde possa me acolher;
De plaga em plaga, foragido vague,
    Se eu de ti me esquecer.

Qual sombra de precito entre os viventes
Passe os míseros dias a gemer,
E em meus martírios me escarneça o mundo,
    Se eu de ti me esquecer.

Se eu de ti me esquecer, nem uma lágrima
Caia sobre o sepulcro, em que eu jazer;
Por todos esquecido viva e morra,
    Se eu de ti me esquecer.

BOTELHO DE OLIVEIRA
1636, Salvador, BA – 1711, idem

Cegando duas vezes, vendo a Anarda
Soneto VIII

Querendo ter Amor ardente ensaio,
Quando em teus olhos seu poder inflama,
Teus sóis me acendem logo chama a chama,
Teus sóis me cegam logo raio a raio.

Mas quando de teu rosto o belo maio
Desdenha amores no rigor que aclama,
De meus olhos o pranto se derrama
Com viva queixa, com mortal desmaio,

De sorte, que padeço os resplandores,
Que em teus olhos luzentes sempre avivas,
E sinto de meu pranto os desfavores:

Cego me fazem já com ânsias vivas
De teus olhos os sóis abrasadores,
De meus olhos as águas sucessivas.

Ponderação do rosto e olhos de Anarda
Soneto X

Quando vejo de Anarda o rosto amado,
Vejo ao céu e ao jardim ser parecido;
Porque no assombro do primor luzido
Tem o sol em seus olhos duplicado.

Nas faces considero equivocado
De açucenas e rosas o vestido;
Porque se vê nas faces reduzido
Todo o império de Flora venerado.

Nos olhos e nas faces mais galharda
Ao céu prefere quando inflama os raios,
E prefere ao jardim, se as flores guarda:

Enfim dando ao jardim e ao céu desmaios,
O céu ostenta um sol, dous sóis Anarda,
Um maio o jardim logra; ela dous maios.

CARLOS ÁVILA
1955, Belo Horizonte, MG

O amor

o amor
voa em toda parte

nos seus lábios
nos seus dedos

nas paredes do apartamento
entre os livros

o amor
vai a roma

sp ny rio
sopro ou assobio

rompe o dique
amor *volat undique*

CARLOS NEJAR
1939, Porto Alegre, RS

Gazel do teu paraíso

Não quero esta maçã branca,
quero a outra que me dás.
Não quero a maçã da sombra
que apenas na sombra jaz.
A intemporã, colhida
com orvalho em cima da paz,
a perto das madressilvas,
e de tão apetecida
é cada vez mais veraz.
A maçã de cotovia
da tua fala, a maçã
das pernas mansas e esguias
e a do sexo, talismã
de outra maçã sombria
no paraíso do chão.

Quando, amada, te avizinhas,
todo o teu corpo é maçã,
os seios, maçãs cativas,
e os pés selvagens, as mãos
que alongas, a casca fina
das celestes estações.

E quando a maçã se inclina,
o inverno se faz verão.
E se adormeces, menina,
o sono é maçã. Depois
pelo caroço do tempo
a morte se recompôs,
mas não há morte no gosto,

não há morte junto ao pelo
de maçãs. Nunca mais veio
a morte quando te amo,
se em morte me precavenho
de maçãs pelos teus ramos.

CARLOS NEWTON JÚNIOR
1966, Recife, PE

Ressurreição
Poema 23

Os laços que eu queria nos unindo,
de tão emaranhados e tão fundos,
plenitude de corpos e de mundos,
são desses que jamais podem ser findos.

Como metais ao fogo se fundindo
em mais nobres metais; barro fecundo
que um velho oleiro, nos confins do mundo,
amassa e a forma aos poucos vê surgindo.

Queria ver-nos ambos misturados
até naquilo que nos traz mais pejo
e só em meus delírios eu confundo.

E ao ver os nossos corpos tão cansados
jamais imaginei em meu desejo
quanto o profundo pode ser profundo.

27-3-2019

Ressurreição
Poema 43

Tornar a ver-te todas as manhãs,
como vejo meu rosto num espelho;
saborear teus lábios como um velho
degustador de jambos e maçãs.

Deixar de lado as esperanças vãs,
beijando-te as coxas e os joelhos;
ouvir a tua voz e os teus conselhos,
enquanto as mãos afagam minhas cãs.

Sentir o teu olhar que me desata
no peito o nó das ânsias e vontades,
e meus medos e traumas desbarata.

Agradecer-te o prêmio imerecido.
Partir contigo o pão da intimidade,
vivendo o indizível do vivido.

7-4-2019

CASIMIRO DE ABREU
1839, Barra de São João, RJ – 1860, Nova Friburgo, RJ

Amor e medo

I

Quando eu te fujo e me desvio cauto
Da luz de fogo que te cerca, oh! bela,
Contigo dizes, suspirando amores:
"— Meu Deus! que gelo, que frieza aquela!"

Como te enganas! meu amor é chama
Que se alimenta no voraz segredo,
E se te fujo é que te adoro louco...
És bela — eu moço; tens amor, eu — medo!

Tenho medo de mim, de ti, de tudo,
Da luz, da sombra, do silêncio ou vozes,
Das folhas secas, do chorar das fontes,
Das horas longas a correr velozes.

O véu da noite me atormenta em dores,
A luz da aurora te intumesce os seios,
E ao vento fresco do cair das tardes
Eu me estremeço de cruéis receios.

É que esse vento que na várzea — ao longe,
Do colmo o fumo caprichoso ondeia,
Soprando um dia tornaria incêndio
A chama viva que teu riso ateia!

Ai! se abrasado crepitasse o cedro,
Cedendo ao raio que a tormenta envia,
Diz: — que seria da plantinha humilde
Que à sombra dele tão feliz crescia?

A labareda que se enrosca ao tronco
Torrara a planta qual queimara o galho,
E a pobre nunca reviver pudera
Chovesse embora paternal orvalho!

II

Ai! se eu te visse no calor da sesta,
A mão tremente no calor das tuas,
Amarrotado o teu vestido branco,
Soltos cabelos nas espáduas nuas!...

Ai! se eu te visse, Madalena pura,
Sobre o veludo reclinada a meio,
Olhos cerrados na volúpia doce,
Os braços frouxos — palpitante o seio!...

Ai! se eu te visse em languidez sublime,
Na face as rosas virginais do pejo,
Trêmula a fala, a protestar baixinho...
Vermelha a boca, soluçando um beijo!...

Diz: — que seria da pureza d'anjo,
Das vestes alvas, do candor das asas?
— Tu te queimaras, a pisar descalça,
— Criança louca — sobre um chão de brasas!

No fogo vivo eu me abrasara inteiro!
Ébrio e sedento na fugaz vertigem
Vil, machucara com meu dedo impuro
As pobres flores da grinalda virgem!

Vampiro infame, eu sorveria em beijos
Toda a inocência que teu lábio encerra,
E tu serias no lascivo abraço
Anjo enlodado nos pauis da terra.

Depois... desperta no febril delírio,
— Olhos pisados — como um vão lamento,
— Tu perguntarás: — qu'é da minha c'roa?...
Eu te diria: — Desfolhou-a o vento!...

★

Oh! não me chames coração de gelo!
Bem vês: traí-me no fatal segredo.
Se de ti fujo é que te adoro e muito,
És bela — eu moço; tens amor, eu — medo!...

CASTRO ALVES
1847, Muritiba, BA – 1871, Salvador, BA

Adormecida

> *Ses longs cheveux épars la couvrent tout entière.*
> *La croix de son collier repose dans sa main,*
> *Comme pour témoigner qu'elle a fait sa prière,*
> *Et qu'elle va la faire en s'éveillant demain.*
> A. DE MUSSET

Uma noite, eu me lembro... Ela dormia
Numa rede encostada molemente...
Quase aberto o roupão... solto o cabelo
E o pé descalço do tapete rente.

'Stava aberta a janela. Um cheiro agreste
Exalavam as silvas da campina...
E ao longe, num pedaço do horizonte,
Via-se a noite plácida e divina.

De um jasmineiro os galhos encurvados,
Indiscretos entravam pela sala,
E de leve oscilando ao tom das auras,
Iam na face trêmulos — beijá-la.

Era um quadro celeste!... A cada afago
Mesmo em sonhos a moça estremecia...
Quando ela serenava... a flor beijava-a...
Quando ela ia beijar-lhe... a flor fugia...

Dir-se-ia que naquele doce instante
Brincavam duas cândidas crianças...
A brisa, que agitava as folhas verdes,
Fazia-lhe ondear as negras tranças!

E o ramo ora chegava ora afastava-se...
Mas quando a via despertada a meio,
Pra não zangá-la... sacudia alegre
Uma chuva de pétalas no seio...

★

Eu, fitando esta cena, repetia
Naquela noite lânguida e sentida:
"Ó flor! — tu és a virgem das campinas!
"Virgem! — tu és a flor da minha vida!..."

O "adeus" de Teresa

A vez primeira que eu fitei Teresa,
Como as plantas que arrasta a correnteza,
A valsa nos levou nos giros seus...
E amamos juntos... E depois na sala
"Adeus!" — eu disse-lhe a tremer co'a fala...

E ela, corando, murmurou-me: "adeus!"

Uma noite... entreabriu-se um reposteiro...
E da alcova saía um cavaleiro
Inda beijando uma mulher sem véus...
Era eu... Era a pálida Teresa!
"Adeus!" lhe disse conservando-a presa...

E ela entre beijos murmurou-me: "adeus!"

Passaram tempos... sec'los de delírio
Prazeres divinais... gozos de Empíreo...
... Mas um dia volvi aos lares meus.
Partindo eu disse: — "Voltarei!... descansa!..."
Ela, chorando mais que uma criança,

Ela em soluços murmurou-me: "adeus!"

Quando voltei... era o palácio em festa!...
E a voz d'*Ela* e de um homem lá na orquestra
Preenchiam de amor o azul dos céus.
Entrei!... Ela me olhou branca... surpresa!
Foi a última vez que eu vi Teresa!...

E ela arquejando murmurou-me: "adeus!"

CLÁUDIO MANUEL DA COSTA
1729, Mariana, MG – 1789, Ouro Preto, MG

Sonetos

Destes penhascos fez a natureza
O berço em que nasci: oh! quem cuidara,
Que entre penhas tão duras se criara
Uma alma terna, um peito sem dureza!

Amor, que vence os tigres, por empresa
Tomou logo render-me; ele declara
Contra o meu coração guerra tão rara,
Que não me foi bastante a fortaleza.

Por mais que eu mesmo conhecesse o dano,
A que dava ocasião minha brandura,
Nunca pude fugir ao cego engano:

Vós, que ostentais a condição mais dura,
Temei, penhas, temei; que Amor tirano,
Onde há mais resistência, mais se apura.

★

Pastores, que levais ao monte o gado,
Vede lá como andais por essa serra;
Que para dar contágio a toda a terra,
Basta ver-se o meu rosto magoado:

Eu ando (vós me vedes) tão pesado;
E a pastora infiel, que me faz guerra,
É a mesma, que em seu semblante encerra
A causa de um martírio tão cansado.

Se a quereis conhecer, vinde comigo,
Vereis a formosura, que eu adoro;
Mas não; tanto não sou vosso inimigo:

Deixai, não a vejais; eu vo-lo imploro;
Que se seguir quiserdes, o que eu sigo,
Chorareis, ó pastores, o que eu choro.

★

Nise? Nise? Onde estás? Aonde espera
Achar-te uma alma que por ti suspira,
Se quanto a vista se dilata, e gira,
Tanto mais de encontrar-te desespera!

Ah! Se ao menos teu nome ouvir pudera
Entre esta aura suave, que respira!
Nise, cuido que diz; mas é mentira.
Nise, cuidei que ouvia; e tal não era.

Grutas, troncos, penhascos da espessura,
Se o meu bem, se a minha alma em vós se esconde,
Mostrai, mostrai-me a sua formosura.

Nem ao menos o eco me responde!
Ah! como é certa a minha desventura!
Nise? Nise? Onde estás? Aonde? Aonde?

★

Estes os olhos são da minha amada:
Que belos, que gentis e que formosos!

Não são para os mortais tão preciosos
Os doces frutos da estação dourada.

Por eles a alegria derramada
Tornam-se os campos de prazer gostosos;
Em zéfiros suaves e mimosos
Toda esta região se vê banhada.

Vinde, olhos belos, vinde; e enfim trazendo
Do rosto de meu bem as prendas belas,
Dai alívios ao mal que estou gemendo;

Mas ah! delírio meu que me atropelas!
Os olhos que eu cuidei, que estava vendo,
Eram (quem crera tal!) duas estrelas.

CLÁUDIO NEVES
1968, Rio de Janeiro, RJ

Do amor antigo

Do amor antigo te direi somente
que foi antigo já quando não era
ainda amor, e, ainda amor, espera,
como um brinquedo desaparecido.

Dele não sei senão o que pressente
o antigo coração que lhe resiste,
e a quem parece exausto quando triste,
e triste (quando apenas renascido).

Ouço as palavras que me diz, e entanto
não te posso dizer se ainda as mereço,
nem sei, depois de ouvi-las, se as ouvi.

O amor antigo te darei, conquanto
não saiba se sou eu que o ofereço,
nem saiba se foi meu quando o vivi.

CRUZ E SOUSA
1861, Florianópolis, SC – 1898, Sítio, MG

Corpo

Pompas e pompas, pompas soberanas,
majestade serena da escultura,
a chama da suprema formosura,
a opulência das púrpuras romanas.

As formas imortais, claras e ufanas,
da graça grega, da beleza pura,
resplendem na arcangélica brancura
desse teu corpo de emoções profanas.

Cantam as infinitas nostalgias,
os mistérios do Amor, melancolias,
todo o perfume de eras apagadas...

E as águias da paixão, brancas, radiantes,
voam, revoam, de asas palpitantes,
no esplendor do teu corpo arrebatadas!

Madona da tristeza

Quando te escuto e te olho reverente
e sinto a tua graça triste e bela
de ave medrosa, tímida, singela,
fico a cismar enternecidamente.

Tua voz, teu olhar, teu ar dolente
toda a delicadeza ideal revela
e de sonhos e lágrimas estrela
o meu ser comovido e penitente.

Com que mágoa te adoro e te contemplo,
ó da Piedade soberano exemplo,
flor divina e secreta da Beleza!

Os meus soluços enchem os espaços,
quando te aperto nos estreitos braços,
solitária madona da Tristeza!

DA COSTA E SILVA
1885, Amarante, PI – 1950, Rio de Janeiro, RJ

Paradise lost

Por que me trouxe aqui o meu destino?
Por que de tão longe vim me prender por encanto
A Essa a quem tanto quis, a Essa que me quis tanto,
Que, unidos pela fé, vivemos para o amor?

Por que o lar que se fez, com o divino favor,
Na feliz comunhão de um afeto tão santo,
Num momento fatal de dúvida e de espanto,
A morte vem encher de saudade e de dor?

Por que, se eu tenho fé, se vem fazer, no entanto,
Tua vontade, em vão, contra a minha, Senhor,
Que, resignado e bom, já hei sofrido tanto?

Assim, a interrogar minha esfinge interior,
Ergo ao longínquo azul os meus olhos em pranto,
Ó meu último bem! Ó meu único amor!

DAVINO RIBEIRO DE SENA
1957, Recife, PE

Tudo exceto amor

Um castelo defronte ao mar
aonde as ondas, ônticas, vão dar.
Uma floresta onde mergulhar
e a sombra veloz de um jaguar.
Quando a vi, meu bem, logo pensei:
tudo, exceto amor, lhe posso dar.

Um deserto sem sombra de jaguar
quando da floresta se cansar.
Falsas estrelas para se olhar
no teto verde musgo do quarto.
Você não tem do que reclamar.
Tudo, exceto amor, lhe posso dar.

O tempo passou, a poesia
terminou em areia, eis porque
tudo, exceto amor, lhe posso dar.

DOMINGOS CALDAS BARBOSA
1738, Rio de Janeiro, RJ – 1800, Lisboa, Portugal

Lundum

Eu nasci sem coração
Sendo com ele gerado,
Porqu'inda antes de nascer
Amor mo tinha roubado

Resposta

Meu bem, o meu nascimento
Não foi como ele nasceu;
Qu'eu nasci com coração,
Aqui está que todo é teu.

Apenas a minha vista
De ti notícia lhe deu,
Logo ele quis pertencer-te
Aqui está que todo é teu.

Bebendo a luz dos teus olhos
Nela um veneno bebeu;
É veneno que cativa
Aqui está que todo é teu.

Ele sem sinal do seu gosto
Pulou no peito, e bateu;
Vem vê-lo como palpita
Aqui está que todo é teu.

Para ser teu Nhanhazinha
Não deixei nada de meu,
Té o próprio coração,
Aqui está que todo é teu.

Se não tens mais quem te sirva
O teu moleque sou eu,
Chegadinho do Brasil
Aqui está que todo é teu.

　　Eu era da Natureza
Ela o Amor me vendeu;
Foi para dar-te um escravo
Aqui está que todo é teu.

　　Quando Amor me viu rendido
Logo o coração te deu;
Disse menina recebe
Aqui está que todo é teu.

　　Unidos os corações
Deve andar o meu c'o teu;
Dá-me o teu, o meu está pronto
Aqui está que todo é teu.

EDUARDO MONDOLFO
1956, Rio de Janeiro, RJ

Direitos autorais

Eu sou o autor de Marilia.
De seus reflexos dourados
na superfície sem brilho
de seu olhar sem entraves
premido por tantos sigilos
de sua vontade de dar-se
além do amor e do instinto.
Eu sou o autor de Marilia.
De seu país, bandeira e hino
das montanhas em que a vi recostar-se
e dos mares em que me viram fluindo.
Eu sou o autor de Marilia.
Da taipa que transformei em mármore
e do teto que jamais nos cobriu.
Do prado com que atapetei o quarto
e pastei por prazer imbecil.

Se eu fui o amor de Marilia
ou só passatempo escondido
pouco importa de quem é o retrato
para quem é pincel e é tinta.

Sou o autor da criatura amada:
um balão que enchi com meu espírito.
Se o destino medíocre furá-lo
levo sempre o fôlego comigo.

EMIL DE CASTRO
1941, Mangaratiba, RJ

Diálogo

— Eis o galope do tempo aprisionado
na nódoa da tua alma.
— Mas o espírito da paisagem está bordado
na retina dos meus olhos.
— Eis o cheiro da noite no viés de tua alma.
— Mas o espanto do verde no rosto do sol
está cintilando nas comportas dos meus olhos.
— Eis o pressentimento do arco-íris na fímbria
de tua alma.
— Mas o infinito do amor no veludo dos meus olhos
não vês.

EMÍLIO DE MENEZES
1866, Curitiba, PR – 1918, Rio de Janeiro, RJ

Noite de insônia

Este leito que é o meu, que é o teu, que é o nosso leito,
Onde este grande amor floriu, sincero e justo,
E unimos, ambos nós, o peito contra o peito,
Ambos cheios de anelo e ambos cheios de susto;

Este leito que aí está revolto assim, desfeito,
Onde humilde beijei teus pés, as mãos, o busto,
Na ausência do teu corpo a que ele estava afeito,
Mudou-se, para mim, num leito de Procusto!...

Louco e só! Desvairado! — A noite vai sem termo
E estendendo, lá fora, as sombras augurais,
Envolve a Natureza e penetra o meu ermo.

E mal julgas, talvez, quando, acaso, te vais,
Quanto me punge e corta o coração enfermo
Este horrível temor de que não voltes mais!...

FAGUNDES VARELA
1841, Rio Claro, RJ – 1875, Niterói, RJ

Estâncias

O que eu adoro em ti não são teus olhos,
Teus lindos olhos cheios de mistério,
Por cujo brilho os homens deixariam
Da terra inteira o mais soberbo império.

O que eu adoro em ti não são teus lábios
Onde perpétua juventude mora,
E encerram mais perfumes do que os vales
Por entre as pompas festivais d'aurora.

O que eu adoro em ti não é teu rosto
Perante o qual o mármor descorara,
E ao contemplar a esplêndida harmonia
Fídias o mestre seu cinzel quebrara.

O que eu adoro em ti não é teu colo
Mais belo que o da esposa israelita,
Torre de graças, encantado asilo
Aonde o gênio das paixões habita.

O que eu adoro em ti não são teus seios,
Alvas pombinhas que dormindo gemem,
E do indiscreto voo duma abelha
Cheias de medo em seu abrigo tremem.

O que eu adoro em ti, ouve, é tu'alma
Pura como o sorrir de uma criança,
Alheia ao mundo, alheia aos preconceitos,
Rica de crenças, rica de esperança.

São as palavras de bondade infinda
Que sabes murmurar aos que padecem,
Os carinhos ingênuos de teus olhos
Onde celestes gozos transparecem!...

Um não sei quê de grande, imaculado,
Que faz-me estremecer quando tu falas,
E eleva-me o pensar além dos mundos
Quando abaixando as pálpebras te calas.

E por isso em meus sonhos sempre vi-te
Entre nuvens de incenso em aras santas,
E das turbas solícitas no meio
Também contrito hei-te beijado as plantas.

E como és linda assim! Chamas divinas
Cercam-te as faces plácidas e belas,
Um longo manto pende-te dos ombros
Salpicado de nítidas estrelas!

Na douda pira de um amor terrestre
Pensei sagrar-te o coração demente...
Mas ao mirar-te deslumbrou-me o raio...
Tinhas nos olhos o perdão somente!

Não te esqueças de mim!

Não te esqueças de mim, quando erradia
Perde-se a lua no sidéreo manto;
Quando a brisa estival roçar-te a fronte
Não te esqueças de mim, que te amo tanto.

Não te esqueças de mim, quando escutares
Gemer a rola na floresta escura,
E a saudosa viola do tropeiro
Desfazer-se em gemido de tristura.

Quando a flor do sertão, aberta a medo,
Pejar os ermos de suave encanto,
Lembre-te os dias que passei contigo,
Não te esqueças de mim, que te amo tanto.

Não te esqueças de mim, quando à tardinha
Se cobrirem de névoa as serranias,
E na torre alvejante o sacro bronze
Docemente soar nas freguesias!

Quando de noite, nos serões de inverno,
A voz soltares modulando um canto,
Lembre-te os versos que inspiraste ao bardo,
Não te esqueças de mim, que te amo tanto.

Não te esqueças de mim, quando meus olhos
Do sudário no gelo se apagarem,
Quando as roxas perpétuas do finado
Junto à cruz do meu leito se embalarem.

Quando os anos de dor passado houverem,
E o frio tempo consumir-te o pranto,
Guarda ainda uma ideia a teu poeta,
Não te esqueças de mim, que te amo tanto.

FOED CASTRO CHAMMA
1927, Irati, PR – 2010, Rio de Janeiro, RJ

Chaves
Soneto 7

Agar, desce a meus braços, dá-me o fruto
de tua beleza, escorre o olhar, a relva
sobre meu corpo, pasce no meu peito
os teus cabelos. Solta a fala e, terna,
derrama sobre mim o amor, a líquida
paz de teu leite, cumpra-se a doçura
deste momento em que bebo o horizonte
e apalpo o que senti à tua procura.
Do íntimo de nós um leve canto
de pássaros comove-nos e somos
os cristais que vertemos pelo pranto.
Deita em meu corpo os trêmulos carneiros
guardados, que percorram meus sentidos
e sejam de minha boca prisioneiros.

FRANCISCA JÚLIA
1871, São Paulo, SP – 1920, idem

Pérfida

Disse-lhe o poeta: "aqui, sob estes ramos,
sob estas verdes laçarias bravas,
ah! quantos beijos, trêmula, me davas!
ah! quantas horas de prazer passamos!

Foi aqui mesmo, — como tu me amavas!
foi aqui, sob os úmidos recamos
desta aragem, que uma rede alçamos
em que teu corpo, mole, repousavas.

Horas passava junto a ti, bem perto
de ti. Que gozo então! Mas, pouco a pouco,
todo esse amor calcaste sob os pés".

— "Mas", disse-lhe ela, "quem és tu? Decerto
essa mulher de quem tu falas, louco,
não, não sou eu, porque não sei quem és..."

FRANCISCO OTAVIANO
1825, Rio de Janeiro, RJ – 1889, idem

Recordações

Oh! se te amei! Toda a manhã da vida
Gastei-a em sonhos que de ti falavam!
Nas estrelas do céu via o teu rosto,
Ouvia-te nas brisas que passavam.
Oh! se te amei! Do fundo de minh'alma
Imenso, eterno amor te consagrei...
Era um viver em cisma de futuro!
    Mulher! oh! se te amei!

Quando um sorriso os lábios te roçava,
Meus Deus! que entusiasmo que sentia!
Láurea coroa de virente rama,
Inglório bardo, a fronte me cingia;
À estrela-d'alva, às nuvens do Ocidente,
Em meiga voz teu nome confiei.
Estrela e nuvens bem no seio o guardam;
    Mulher! oh! se te amei!

Oh! se te amei! As lágrimas vertidas,
Alta noite por ti; a atroz tortura
Do desespero d'alma, e além, no tempo,
Uma vida a sumir-se na loucura...
Nem aragem, nem sol, nem céu, nem flores,
Nem a sombra das glórias que sonhei...
Tudo desfez-se em sonhos e quimeras...
    Mulher! oh! se te amei!

GILKA MACHADO
1893, Rio de Janeiro, RJ – 1980, idem

Reflexões
Poema IX

Amei o Amor, ansiei o Amor, sonhei-o
uma vez, outra vez (sonhos insanos!)...
e desespero haja maior não creio
que o da esperança dos primeiros anos.

Guardo nas mãos, nos lábios, guardo em meio
do meu silêncio, aquém de olhos profanos,
carícias virgens, para quem não veio
e não virá saber dos meus arcanos.

Desilusão tristíssima, de cada
momento, infausta e imerecida sorte
de ansiar o Amor e nunca ser amada!

Meu beijo intenso e meu abraço forte
com que pesar penetrareis o Nada,
levando tanta vida para a Morte!...

GLAUCO FLORES DE SÁ BRITO
1919, Montenegro, RS – 1970, Curitiba, PR

Tempo de amar

Era tempo de amor, era
tempo de amar
e ser amado. Por inexperiência
se improvisava o amor.
As palavras eram novas
porque ainda não repetidas.

Se meu lábio te dizia
que teus lábios eu queria.
Se meu corpo te falava
que tua carne apetecia.
Se minha alma se enlaçava
à tua.
Era tempo de amor.

Amar de puro amor amar
durante cinco anos — dez, quinze,
vinte anos amar sem mudar
a força do amor.
O amor não é fidelidade
mas continuidade e permanência
no amor.

Era tempo de amor era o nascer
do sol da árvore da formiga
do mar da boca sedenta
da insaciável poesia — caminho
intranquilo e sem retorno
permanente morrer.

Era tempo de amar tempo
de morte. Simples
conjunção dos corpos simples
inexistir naufrágio
do nada amor.

GONÇALVES DIAS
1823, Caxias, MA – 1864, naufrágio nas costas do Maranhão

Se se morre de amor!

> *Meere und Berge und Horizonte*
> *zwischen den Liebenden — aber die*
> *Seelen versetzen sich aus den*
> *staubigen Kerker und treffen sich in*
> *Paradiese der Liebe.*
> SCHILLER, Die Räuber.

Se se morre de amor! — Não, não se morre,
Quando é fascinação que nos surpreende
De ruidoso sarau entre os festejos;
Quando luzes, calor, orquestra e flores
Assomos de prazer nos raiam n'alma,
Que embelezada e solta em tal ambiente
No que ouve, e no que vê prazer alcança!

Simpáticas feições, cintura breve,
Graciosa postura, porte airoso,
Uma fita, uma flor entre os cabelos,
Um quê mal definido, acaso podem
Num engano d'amor arrebatar-nos.
Mas isso amor não é; isso é delírio,
Devaneio, ilusão, que se esvaece
Ao som final da orquestra, ao derradeiro
Clarão, que as luzes no morrer despedem:
Se outro nome lhe dão, se amor o chamam,
D'amor igual ninguém sucumbe à perda.

Amor é vida; é ter constantemente
Alma, sentidos, coração — abertos,
Ao grande, ao belo; é ser capaz d'extremos,
D'altas virtudes, té capaz de crimes!

Compr'ender o infinito, a imensidade,
E a natureza e Deus; gostar dos campos;
D'aves, flores, murmúrios solitários;
Buscar tristeza, a soledade, o ermo,
E ter o coração em riso e festa;
E à branda festa, ao riso da nossa alma
Fontes de pranto intercalar sem custo;
Conhecer o prazer e a desventura
No mesmo tempo, e ser no mesmo ponto
O ditoso, o misérrimo dos entes:
Isso é amor, e desse amor se morre!

Amar, e não saber, não ter coragem
Para dizer que amor que em nós sentimos;
Temer qu'olhos profanos nos devassem
O templo, onde a melhor porção da vida
Se concentra; onde avaros recatamos
Essa fonte de amor, esses tesouros
Inesgotáveis, d'ilusões floridas;
Sentir, sem que se veja, a quem se adora,
Compr'ender, sem lhe ouvir, seus pensamentos,
Segui-la, sem poder fitar seus olhos,
Amá-la, sem ousar dizer que amamos,
E, temendo roçar os seus vestidos,
Arder por afogá-la em mil abraços:
Isso é amor, e desse amor se morre!

Se tal paixão porém enfim transborda,
Se tem na terra o galardão devido
Em recíproco afeto; e unidas, uma,
Dois seres, duas vidas se procuram,
Entendem-se, confundem-se e penetram
Juntas — em puro céu d'êxtases puros:

Se logo a mão do fado as torna estranhas,
Se os duplica e separa, quando unidos
A mesma vida circulava em ambos;
Que será do que fica, e do que longe
Serve às borrascas de ludíbrio e escárnio?
Pode o raio num píncaro caindo,
Torná-lo dois, e o mar correr entre ambos;
Pode rachar o tronco levantado
E dois cimos depois verem-se erguidos,
Sinais mostrando da aliança antiga;
Dois corações porém, que juntos batem,
Que juntos vivem — se os separam, morrem;
Ou se entre o próprio estrago inda vegetam,
Se aparência de vida, em mal conservam,
Ânsias cruas resumem do proscrito,
Que busca achar no berço a sepultura!

Esse, que sobrevive à própria ruína,
Ao seu viver do coração, — às gratas
Ilusões, quando em leito solitário,
Entre as sombras da noite, em larga insônia,
Devaneando, a futurar venturas,
Mostra-se e brinca a apetecida imagem;
Esse, que à dor tamanha não sucumbe,
Inveja a quem na sepultura encontra
Dos males seus o desejado termo!

GREGÓRIO DE MATOS
1636, Salvador, BA – 1695, Recife, PE

Sente o Autor ausentar-se de sua Dama, retirando-se para a cidade

Ardor em coração firme nascido,
Pranto por belos olhos derramado,
Incêndio em mares de água disfarçado,
Rio de neve em fogo convertido.

Tu, que em um peito abrasas escondido,
Tu, que em um rosto corres desatado,
Quando fogo em cristais aprisionado,
Quando cristal em chamas derretido.

Se és fogo, como passas brandamente?
Se és neve, como queimas com porfia?
Mas ai, que andou amor em ti prudente!

Pois para temperar a tirania,
Como quis que aqui fosse a neve ardente,
Permitiu parecesse a chama fria.

JOSE BONIFÁCIO, O MOÇO
1827, Bordéus, França – 1886, São Paulo, SP

Soneto

Se te procuro, fujo de avistar-te,
E se te quero, evito mais querer-te,
Desejo quase — quase aborrecer-te
E se te fujo, estás em toda a parte.

Distante, corro logo a procurar-te,
E perco a voz e fico mudo ao ver-te;
Se me lembro de ti, tento esquecer-te
E se te esqueço, cuido mais amar-te.

O pensamento assim partido ao meio
E o coração assim também partido,
Chamo-te e fujo, quero-te e receio!

Morto por ti, eu vivo dividido,
Entre o meu e o teu ser sinto-me alheio
E sem saber de mim vivo perdido.

JÚLIO SALUSSE
1872, Bom Jardim, RJ – 1948, Rio de Janeiro, RJ

Cisnes

A vida, manso lago azul algumas
Vezes, algumas vezes mar fremente,
Tem sido para nós constantemente
Um lago azul sem ondas, nem espumas!

Sobre ele, quando, desfazendo as brumas
Matinais, rompe um sol vermelho e quente,
Nós dois vagamos indolentemente,
Como dois cisnes de alvacentas plumas!

Um dia um cisne morrerá por certo:
Quando chegar esse momento incerto,
No lago, onde talvez a água se tisne,

Que o cisne vivo, cheio de saudade,
Nunca mais cante, nem sozinho nade,
Nem nade nunca ao lado de outro cisne…

KÁTIA BORGES
1968, Salvador, BA

Amor

Por todo o caminho, te levo comigo,
como quem carrega o próprio coração
nas mãos, pulsando.
Como quem bebe um vinho precioso,
deixando que o líquido se espalhe e molhe o rosto.

Por todo o caminho, te levo comigo,
como quem arranca um punhado de mato
e põe no bolso.

Te levo comigo, sobre os ombros,
até o alto da mais alta montanha.

LÊDO IVO
1924, Maceió, AL – 2012, Sevilha, Espanha

Soneto da vigilância

Sê mais que a forma e mais que o pensamento
guardado na vigília, sem temor.
Fica no meu olhar, como no amor
verteria teu nome em verso atento.

Sê mais que a forma sempre em movimento
tornada mais humana pela dor.
Fica dormindo em mim quando eu me for
e te deixar entregue ao desalento.

Sê minha mesmo que eu não te conheça
e te ame sem te ver, sempre te vendo
na forma que jamais fuja ou pereça.

Para tocar-te, eu sempre as mãos estendo,
mas não te alcanço, e em minhas mãos transformas
teu corpo imaginário em puras formas.

LIMA TRINDADE
1966, Brasília, DF

Um poema de amor

Um único e grande poema eu queria escrever
Feito calhas a arrastar ardores
Para as águas deste oceano turvo
Em que religiosamente nos deitamos
Feito pragas, cidades over, capitais
Da minha escassa imaginação
E suas cem cúpulas perdidas entre dois balões de papel
A carregar-me para onde, ó orixás,
Se não sou santo e não sois santos?
Se o odor do corpo dele me inebria
E traça rotas azuis sobre o edredom listrado?
Feito e desfeito o leito, mergulhamos, embora não
Haja mais trilhas, não haja mais filmes nem
Orações, somente nós & Nina & duas lágrimas misturadas
Salgando a popa árida da língua.

Um grande e exclusivo poema eu queria escrever
Feito carma farol aflição
Mão estendida rumo ao vazio
Recado memória percalço e, talvez, a suavidade bruta e leitosa
De sua anca — onde agora descanso e, contudo, me calo.

Maio de 2017

LUCI COLLIN
1964, Curitiba, PR

Insoneto

De amor, ora direis, rever promessas
Que as chamas de uma voz não voltam mais
E sempre é de hora alguma esse momento
E nunca em face a mais meu bem secreto

Quisera revivê-lo em vão tormento
E em seu rosto esconder meu riso
Se se pudesse perder senso e siso
O meu pesar ao ver o seu espanto

Certo é que infinito nunca dure
(Vai-se a primeira estrela descoberta)
Quem sabe a espuma o fim de quem desperta

Na fresca madrugada eu encontrasse
O amor (que tive) — eu vos direi, no entanto
Que só se ama a ilusão que nasce

LUÍS PIMENTEL
1953, Itiúba, BA

Merecimento

Seja o amor, por si, essa ilusão
de que é possível dizer sim, contra
tanto não e não; seja o amor, em mim
essa razão.
Seja o amor o palco, o porto e a pedra
com a qual construiremos o mundo
que nos cabe. Sejamos então o mundo
e suas nuances — um dia limpo, outro
nublado, sem cobrar retorno
ou resultado. Pois o amor no mercado
não tem preço.
E que em troca desse amor
venha apenas o que eu mereço.

LUÍS GUIMARÃES JÚNIOR
1845, Rio de Janeiro, RJ – 1898, Lisboa, Portugal

O coração que bate neste peito...

O coração que bate neste peito,
E que bate por ti unicamente,
O coração, outrora independente,
Hoje humilde, cativo e satisfeito;

Quando eu cair, enfim, morto e desfeito,
Quando a hora soar lugubremente
Do repouso final, — tranquilo e crente
Irá sonhar no derradeiro leito.

E quando um dia fores comovida
— Branca visão que entre os sepulcros erra —
Visitar minha fúnebre guarida,

O coração, que toda em si te encerra,
Sentindo-te chegar, mulher querida,
Palpitará de amor dentro da terra.

Guitarra

Cantei, oh bela, os dotes teus: a lira
Fiel e meiga a voz me acompanhava,
E a lua, erguendo o manto de safira,
Parecia escutar o que eu cantava.

Cantei-te o seio lânguido e alvejante
— Pomba aninhada em flocos de cambraia —
E pareceu-me ouvir naquele instante
Zelosa a vaga estremecer na praia.

Cantei depois a juvenil fragrância
Dos nossos velhos e gentis folguedos
Na mais sonora e feiticeira estância;

Cantei o nosso amor e os seus segredos;
Mas quando ia cantar tua constância...
Quebrou-se a lira e me caiu dos dedos.

LUÍS MURAT
1861, Resende, RJ – 1929, Rio de Janeiro, RJ

Vendo-a passar

Todo este espaço freme quando voltas,
Rosada e matinal, dos teus passeios;
Perfumam o ar as tuas tranças soltas,
E espiam-te, sorrindo, os ninhos cheios.

Tua pele é tão branca, que parece
Luz de luar derramada pelos vales...
Andas como o murmúrio de uma prece,
E o aroma de uma flor dentro de um cálice.

A borboleta, tímida recua,
E diz-te qualquer frase, quando passa,
E, entre invejosa e extática, flutua
Diante de tanta luz e tanta graça!

Um melíssono alvéolo goteja
Da tua rubra e pequenina boca.
Quando minha alma, de mansinho, a beija,
Quase desmaia, quase fica louca!

Rosas, jasmins, camélias e narcisos,
Curvam-se para te beijar as plantas,
E confundem, decerto, os teus sorrisos
Com os das deusas ou com os das santas.

Todos julgam que a sombra que projetas,
Tem mais luz do que a estrela vespertina,
E que gorjeiam todos os poetas
Quando gorjeia a tua voz divina.

Querem subordinar-te aos meus caprichos,
Atirar-te o batel contra os escolhos,
E que eu manche, sacrílego, em seus nichos,
As madonas cruéis dos teus dois olhos.

Harpas eólias vibram-te nas vestes,
E seguem a corrente de meu pranto,
São roseiras em flor entre ciprestes,
E jogos infantis num Campo-Santo.

LUIZ CARLOS LACERDA
1945, Rio de Janeiro, RJ

Último canto de janeiro

A minha amada partia
os cristais do avarandado
peito que já chorava,
ai, mil e tantas espadas.
A minha amada partia
no frio da madrugada
como um pássaro de pluma
só pluma, pantera calma.
A minha amada, de longe,
partia viva na estrada,
ai meu peito apunhalado
pela lâmina da amada.
A minha amada brilhava
calma, ao longe, em leveza
e no tão longe sabê-la
logo eu a nomeava:
estrela.

MACHADO DE ASSIS
1839, Rio de Janeiro, RJ – 1908, idem

A Carolina

Querida, ao pé do leito derradeiro
Em que descansas dessa longa vida,
Aqui venho e virei, pobre querida,
Trazer-te o coração do companheiro.

Pulsa-lhe aquele afeto verdadeiro
Que, a despeito de toda a humana lida,
Fez a nossa existência apetecida
E num recanto pôs um mundo inteiro.

Trago-te flores, — restos arrancados
Da terra que nos viu passar unidos
E ora mortos nos deixa e separados.

Que eu, se tenho nos olhos malferidos
Pensamentos de vida formulados,
São pensamentos idos e vividos.

MACIEL MONTEIRO
1804, Recife, PE – 1868, Lisboa, Portugal

Formosa

Formosa, qual pincel em tela fina
debuxar jamais pode ou nunca ousara;
formosa, qual jamais desabrochara
na primavera rosa purpurina;

Formosa, qual se a própria mão divina
lhe alinhara o contorno e a forma rara;
formosa, qual jamais no céu brilhara
astro gentil, estrela peregrina;

formosa, qual se a natureza e a arte,
dando as mãos em seus dons, em seus lavores
jamais soube imitar no todo ou parte;

mulher celeste, oh! anjo de primores!
Quem pode ver-te, sem querer amar-te?
Quem pode amar-te, sem morrer de amores?!

MAJELA COLARES
1964, Limoeiro do Norte, CE

O amor e sua hora

Um rebuliço no peito
um susto na coronária...
o infarto não suspeito?

A angústia necessária?
A lembrar que a existência
é bela e breve... precária

... existir é confluência
de sonho e tempo medido
talvez no peito a ausência

de encantos... vida e sentido
na coronária o amor
flagra o coração despido

MARCO LUCCHESI
1963, Rio de Janeiro, RJ

Soneto marinista – 2

Dês que vos conheci, ó minha Senhora,
eu vivo amargurado, em gran tristura,
pois sei que em vosso fero olhar demora
a sombra em que meu triste amor se apura.

Tam saudosa de vós, minh'alma implora
que cesse, alfim, tamanha desventura,
tamanha noute sem brilhar de aurora,
de que minh'alma tanto se amargura.

Aquebrantai, alfim, vossa esquivança,
não me deixai tam triste & descuidado;
pois, que me val viver dessa esperança

pera sofer assi, desconsolado,
o grave desfavor de vossa herança,
de cujo amor me volto deserdado?

MARIA CARPI
1939, Guaporé, RS

Se houver um sol...

Se houver um sol
intenso arrodeado
de sol, é porque
estou, do Amor,
à sombra. Se houver

uma fonte reclinada
na fonte, é porque
estou, em Amor,
imersa. Se houver

silêncio e somente
silêncio do sol e
da água silenciados,
é porque — Amor e eu —
somos boca a boca.

MÁRIO DE ANDRADE
1893, São Paulo, SP – 1945, idem

Rondó pra você

De você, Rosa, eu não queria
Receber somente esse abraço
Tão devagar que você me dá,
Nem gozar somente esse beijo
Tão molhado que você me dá...
Eu não queria só porque
Por tudo quanto você me fala,
Já reparei que no seu peito
Soluça o coração bem feito
    De você.

Pois então eu imaginei
Que junto com esse corpo magro
Moreninho que você me dá,
Com a boniteza a faceirice
A risada que você me dá
E me enrabicham como o quê,
Bem que eu podia possuir também
O que mora atrás do seu rosto, Rosa,
O pensamento a alma o desgosto
    De você.

MÁRIO FAUSTINO
1930, Teresina, PI – 1962, acidente aéreo nos céus do Peru

O mundo que venci deu-me um amor...

O mundo que venci deu-me um amor,
Um troféu perigoso, este cavalo
Carregado de infantes couraçados.
O mundo que venci deu-me um amor
Alado galopando em céus irados,
Por cima de qualquer muro de credo,
Por cima de qualquer fosso de sexo.
O mundo que venci deu-me um amor
Amor feito de insulto e pranto e riso,
Amor que força as portas dos infernos,
Amor que dorme e treme. Que desperta
E torna contra mim, e me devora
E me rumina em cantos de vitória...

MIGUEL SANCHES NETO
1965, Bela Vista do Paraíso, PR

Envelhecido vinho

Agora que já estamos tão distantes
de tudo que antes nos distraía,
escrevo esta carta cheia de vírgulas
com a tinta herdada da lua fria.

Lembras que, como em todo começo,
o sol da manhã em nossa pele ardia
enquanto os corpos vibravam, secos,
num atrito que fim nunca tinha?

Era no jardim, em matinal luzir,
que, na combustão do bruto embate,
enfrentávamos as sombras a sorrir,
como o sol, sem temer o desenlace.

Depois, o calor já tinha algo de cansaço.
Eram findas a manhã e sua leveza.
Corpos pesados, ânimos lassos,
cerrávamos no quarto cortinas espessas.

E na semiescuridão do dia adiado
duas máquinas se mordiam e se amavam,
produzindo suores, num pré-infarto
e num ranger de juntas metálicas.

Agora, na noite de estrelas extintas,
lareira apagada, candeeiro sem azeite,
fiapo de lua minguante e fria,
nos abraçamos atrás do calor ausente.

Então toco tua pele flácida e transida
e acaricio cabelos brancos em desalinho.
Tudo foi apenas preparação e correria.
Bebamos com calma o envelhecido vinho.

NAURO MACHADO
1935, São Luís, MA – 2015, idem

Canção austríaca

Canta, mulher bela,
pureza de antanho,
neve na janela,
ó sol que não arranho.

Canta, mulher virgem,
canta na minha alma,
esta atroz vertigem
que te lambe a palma

de estrelas nos dedos,
de riachos nas unhas.
Canta-me os segredos
da boca que empunhas,

purpurina. E cheia
de um bem que eu não fiz,
ó inocência alheia:
faze-me feliz!

OLAVO BILAC
1865, Rio de Janeiro, RJ – 1918, idem

Tercetos

I

Noite ainda, quando ela me pedia
Entre dois beijos que me fosse embora,
Eu, com os olhos em lágrimas, dizia:

"Espera ao menos que desponte a aurora!
Tua alcova é cheirosa como um ninho...
E olha que escuridão há lá por fora!

Como queres que eu vá, triste e sozinho,
Casando a treva e o frio de meu peito
Ao frio e à treva que há pelo caminho?!

Ouves? é o vento! é um temporal desfeito!
Não me arrojes à chuva e à tempestade!
Não me exiles do vale do teu leito!

Morrerei de aflição e de saudade...
Espera! até que o dia resplandeça,
Aquece-me com a tua mocidade!

Sobre o teu colo deixa-me a cabeça
Repousar, como há pouco repousava...
Espera um pouco! deixa que amanheça!"

— E ela abria-me os braços. E eu ficava.

II

E, já manhã, quando ela me pedia
Que de seu claro corpo me afastasse,
Eu, com os olhos em lágrimas, dizia:

"Não pode ser! não vês que o dia nasce?
A aurora, em fogo e sangue, as nuvens corta...
Que diria de ti quem me encontrasse?

Ah, nem me digas que isso pouco importa!...
Que pensariam, vendo-me, apressado,
Tão cedo assim, saindo à tua porta,

Vendo-me exausto, pálido, cansado,
E todo pelo aroma do teu beijo
Escandalosamente perfumado?

O amor, querida, não exclui o pejo...
Espera! até que o sol desapareça,
Beija-me a boca! mata-me o desejo!

Sobre o teu colo deixa-me a cabeça
Repousar, como há pouco repousava!
Espera um pouco! deixa que anoiteça!"

— E ela abria-me os braços. E eu ficava.

ORLANDO TEJO
1935, Campina Grande, PB – 2018, Recife, PE

Soneto dos dedos que falam

Que importa que foguetes cruzem marte
E bombas de hidrogênio acabem tudo,
Se aos meus dedos, teus dedos de veludo
Ensinam que o amor é também arte?

Não desejo mais nada além de amar-te
E em êxtase viver, absorto e mudo,
Sorvendo da ternura o conteúdo
Que antes te buscava em toda parte!

Esses dedos que afago entre meus dedos,
Que acaricio a desvendar segredos
De amor nestes momentos que nos prendem,

Têm qualquer coisa que escraviza e doma,
Porque teus dedos falam num idioma
Que só mesmo meus dedos compreendem!

Só, contigo

Campina Grande, madrugada. Há neve
aqui na Serra. O uivo de um cão e nada
mais, além de um apito triste e breve,
sobe do fundo desta madrugada.

Passo. E os meus passos, num compasso leve,
ecoam pela rua abandonada.
Vem-me a recordação, que vir não deve,
entrando-me alma adentro, acompanhada

de ti. Paro. Olho o Céu. Nada. Caminho
e, enquanto caminhando vou, sozinho,
varando a noite, o frio e a soledade,

é que sei, por meu mal, que a tua ausência
não é só minha grande penitência,
mas a própria presença da saudade.

RAIMUNDO CORREIA
1859, Cururupo, MA – 1911, Paris, França

Après le combat

Entrei, e achei-a a sós, sobre um estrado
Sentada, em frente ao reposteiro erguido;
Livres do laço as tranças, e o nevado
Seio abundante livre do vestido...

Muda, estendeu pra mim com ar de enfado
O braço frouxo, lânguido, caído —
E levantou o negro olhar rasgado
De uns violáceos círculos tingido...

Num gesto frio, tímido, indeciso,
O lábio seco, machucado e exangue
Abriu em triste e mórbido sorriso...

Tudo era o vosso efeito perigoso
Ó explosões da pólvora do sangue!
Deliciosa síncope do gozo!

Lágrimas românticas

Na espessa e plúmbea cor do céu de agosto
Do dia os raios últimos morriam,
E o cerro e a várzea, ao longe, do sol posto
No vapor doce e pálido esbatiam...

Eu despedi-me trêmulo; o desgosto
Cerrou-te o coração; se umedeciam
Teus olhos belos, por teu belo rosto
Tinto de rosa, as lágrimas caíam...

Parti convulso, delirante, incerto...
O descampado extenso, abriu-me o seio
Sem verde arbusto, sem humano rasto...

E eu seguia a estender sobre o deserto
Outro deserto: o da alma, inda mais feio,
Inda mais horroroso, inda mais vasto...

RAUL DE LEONI
1895, Petrópolis, RJ – 1926, Itaipava, RJ

Nascemos um para o outro, dessa argila...

Nascemos um para o outro, dessa argila
De que são feitas as criaturas raras;
Tens legendas pagãs nas carnes claras,
E eu tenho a alma dos faunos na pupila...

Às belezas heroicas te comparas
E em mim a luz olímpica cintila.
Gritam em nós todas as nobres taras
Daquela Grécia esplêndida e tranquila...

É tanta a glória que nos encaminha
Em nosso amor de seleção, profundo,
Que (ouço ao longe o oráculo de Elêusis),

Se um dia eu fosse teu e fosses minha,
O nosso amor conceberia um mundo
E do teu ventre nasceriam deuses...

RICARDO VIEIRA LIMA
1969, Niterói, RJ

Um amor
> *A Márcia Cristiane*

Um amor como este, eu sei, não vai ter fim.
Há de ficar, nestes versos, eternizado.

Pois que a poesia, ao servi-lo e consagrá-lo,
urdiu seu canto (e seu encanto) para mim.

Um amor como este, eu sei, não tem futuro.
Não tem passado ou presente: é atemporal.

Vai nascer. Está nascendo. Nasceu bem antes
dos amantes. É amorável e amoral.

Não vai morrer. O que se sabe é o que se sente.
Um amor como este, eu sei, é para sempre.

ROBERVAL PEREYR
1953, Umburanas, atual Antônio Cardoso, BA

Para Bárbara

Esculpirei meus sonhos no teu rosto.
E no teu corpo
eu brincarei de novo a minha infância.

Serei de novo, em ti, outro menino.
E em teus olhos
eu buscarei de novo a minha infância.

Esculpirei teu rosto no meu rosto.
E no teu corpo
eu traçarei de novo o meu destino.

RODRIGUES DE ABREU
1897, Capivari, SP – 1927, Bauru, SP

Crianças

Somos duas crianças! E bem poucas
no mundo há como nós: pois, minto e mentes
se te falo e me falas; e bem crentes
somos de nos magoar, abrindo as bocas...

Mas eu bem sinto, em teu olhar, as loucas
afeições, que me tens e também sentes,
em meu olhar, as proporções ingentes
do meu amor, que, em teu falar, há poucas!

Praza aos céus que isto sempre assim perdure:
que a voz engane no que o olhar revela;
que jures não amar, que eu também jure...

Mas que sempre, ao fitarmo-nos, ó bela,
penses: "Como ele mente" — e que eu murmure:
"quanta mentira têm os lábios dela!"

ROSEANA MURRAY
1950, Rio de Janeiro, RJ

Vestígios

assim queria ser amada
percorrida palmo a palmo
passo a passo
nenhum segundo acorrentado
ao feixe do passado

assim me ofertaria
como um barco faz
da sua rota
uma dádiva ao vento
e ao destino

toda vestida de pele
e segredos
onde em mim a vida
rasgou suas estradas

assim quereria ser amada
com todas as longínquas
madrugadas de pavor
e mistérios
com todas as palavras
plantas liquens
musgos terra molhada
pântanos vestígios

RUBEM BRAGA
1913, Cachoeiro de Itapemirim, ES – 1990, Rio de Janeiro, RJ

Soneto

E quando nós saímos era a Lua,
Era o vento caído e o mar sereno
Azul e cinza-azul anoitecendo
A tarde ruiva das amendoeiras.

E respiramos, livres das ardências
Do sol, que nos levara à sombra cauta
Tangidos pelo canto das cigarras
Dentro e fora de nós exasperadas.

Andamos em silêncio pela praia.
Nos corpos leves e lavados ia
O sentimento do prazer cumprido.

Se mágoa me ficou na despedida
Não fez mal que ficasse, nem doesse —
Era bem doce, perto das antigas.

RUY ESPINHEIRA FILHO
1942, Salvador, BA

Soneto de um amor

Quando chegou, nem parecia ser.
Agora é isto, este pulsar violento
a rir à toa, a crepitar no vento,
e este oceano, e este amanhecer,

mais estas comoções de anoitecer,
mais estes girassóis no pensamento,
raio fendendo a alma (lento, lento…),
e esta estranheza de dizer e crer,

e este ácido pássaro no peito,
e uma ternura ardendo na ferida,
e um silêncio, e um fragor, e o céu desfeito

por sobre tudo, e a lua comovida
chorando um choro cândido, perfeito
a esta tortura do esplendor da vida!

SARA ALBUQUERQUE
1990, Maceió, AL

sim. foi o que me disse quando te pedi em casamento

eu — capitu macabéa paula d. muitas
te aceito: outra pessoa
carne e liberdade e sobrenome
próprios e eu
te amo e eu
te respeito e eu
quero estar não a um dedo
atrás nem a um passo
na frente
companheira
ao seu lado
na doença e na tristeza e na saúde e na alegria
por todos os dias das nossas vidas enquanto
o amor se renovar amor enquanto
o amor se renovar enquanto
amor

finalmente. a gente vai se olhar e dizer eu te amo

no primeiro instante
não me trouxe o verbo
outono o girassol da íris

com a boca dos olhos
os olhos foi só o que me disse os olhos
os olhos na primavera os olhos os olhos

letras de música exclamações estrangeirismos todos parênteses
o viço da aurora chegou gravado num acorde de *feliz ano novo*
os corpos brindados em algoritmos

agora faltam cinco minutos senhora D.
— o atraso preciso para conhecer Carlota
cinco minutos para desengasgar as cores ao vivo à porta do senhor G.
— que o amor resista junto aos ipês de porto alegre

SÉRGIO DE CASTRO PINTO
1947, João Pessoa, PB

Jogo frugal

sapoti! sapoti! sapoti!
morcego! morcego! morcego!
amor cego por ti!
amor cego por ti!
amor cego por ti!

não escrevi à faca
o teu nome
no tronco do sapotizeiro,
mas na raiz.

na mais profunda raiz de mim mesmo.

SILVA ALVARENGA
1749, Vila Rica, atual Ouro Preto, MG – 1814, Rio de Janeiro, RJ

Madrigal III

   Voai, suspiros tristes;
Dizei à bela Glaura o que eu padeço,
   Dizei o que em mim vistes,
Que choro, que me abraso, que esmoreço.
Levai em roxas flores convertidos
Lagrimosos gemidos, que me ouvistes:
   Voai, suspiros tristes;
   Levai minha saudade;
E, se amor ou piedade vos mereço,
Dizei à bela Glaura o que eu padeço.

Madrigal XXXIV

Ditoso e brando vento, por piedade
Entrega à linda Glaura os meus suspiros;
   E voltando os teus giros,
Vem depois consolar minha saudade.
Não queiras imitar a crueldade
Do injusto amor, da triste desventura,
Que empenhada procura o meu tormento.
   Ditoso e brando vento,
   Voa destes retiros,
E entrega à linda Glaura os meus suspiros.

TOMÁS ANTÔNIO GONZAGA
1744, Porto, Portugal – 1810, Moçambique, África

Marília de Dirceu
Parte 1 – Lira XX

Em uma frondosa
Roseira se abria
Um negro botão.
Marília adorada
O pé lhe torcia
Com a branca mão.

Nas folhas viçosas
A abelha enraivada
O corpo escondeu.
Tocou-lhe Marília:
Na mão descuidada
A fera mordeu.

Apenas lhe morde,
Marília, gritando,
C'o dedo fugiu:
Amor, que no bosque
Estava brincando,
Aos ais acudiu.

Mal viu a rotura,
E o sangue espargido,
Que a deusa mostrou,
Risonho, beijando
O dedo ofendido
Assim lhe falou:

Se tu por tão pouco
O pranto desatas,
Ah! dá-me atenção:
E como daquele
que feres e matas,
Não tens compaixão?

Marília de Dirceu
Parte 2 – Lira XIX

       Nesta triste masmorra,
De um semivivo corpo sepultura,
         Inda, Marília, adoro
         A tua formosura.
Amor na minha ideia te retrata;
Busca, extremoso, que eu assim resista
À dor imensa que me cerca e mata.

       Quando em meu mal pondero,
Então mais vivamente te diviso:
         Vejo o teu rosto e escuto
         A tua voz e riso.
Movo ligeiro para o vulto os passos:
Eu beijo a tíbia luz em vez de face
E aperto sobre o peito em vão os braços.

       Conheço a ilusão minha;
A violência da mágoa não suporto;
         Foge-me a vista e caio,
         Não sei se vivo ou morto.
Enternece-se Amor de estrago tanto;
Reclina-me no peito, e, com mão terna
Me limpa os olhos do salgado pranto.

       Depois que represento
Por largo espaço a imagem de um defunto,
         Movo os membros, suspiro,
         E onde estou pergunto.

Conheço então que Amor me tem consigo;
Ergo a cabeça, que inda mal sustento,
E com doente voz assim lhe digo:

Se queres ser piedoso,
Procura o sítio em que Marília mora,
Pinta-lhe o meu estrago,
E vê, Amor, se chora.
Se a lágrimas verter a dor a arrasta,
Uma delas me traze sobre as penas,
E para alívio meu só isto basta.

VICENTE DE CARVALHO
1866, Santos, SP – 1924, São Paulo, SP

Rosa, rosa de amor
X – Última confidência

— E se acaso voltar? Que hei de dizer-lhe, quando
      Me perguntar por ti?
— Dize-lhe que me viste, uma tarde, chorando...
      Nessa tarde parti.

— Se arrependido e ansioso ele indagar: "Para onde?
      Por onde a buscarei?"
— Dize-lhe: "Para além... para longe..." Responde
      Como eu mesma: "Não sei."

Ai, é tão vasta a noite! A meia luz do ocaso
      Desmaia... Anoiteceu...
Onde vou? Nem eu sei... Irei seguindo ao acaso
      Até achar o céu.

Eu cheguei a supor que possível me fosse
      Ser amada — e viver.
É tão fácil a morte... Ai, seria tão doce
      Ser amada... e morrer!...

Ouve: conta-lhe tu que eu chorava, partindo,
      As lágrimas que vês...
Só conheci do amor, que imaginei tão lindo,
      O mal que ele me fez

Narra-lhe transe a transe a dor que me consome...
      Nem houve nunca igual!
Conta-lhe que eu morri murmurando o seu nome
      No soluço final!

Dize-lhe que o seu nome ensanguentava a boca
    Que o seu beijo não quis:
Golfa-me em sangue, vês? E eu murmurando-o, louca!
    Sinto-me tão feliz!

Nada lhe contes, não... Poupa-o... Eu quase o odeio,
    Oculta-lho! Senhor,
Eu morro!... Amava-o tanto... Amei-o sempre... Amei-o
    Até morrer... de amor.

WAGNER SCHADECK
1983, Curitiba, PR

A espada

Forja-se a lâmina com duas ligas:
uma dura, outra leve. Esta isolada
encurva, aquela quebra. Em fogo abrigas
a aceragem que na água é depurada.

Os metais são casados pelo canto
ritmado do martelo na bigorna.
A incandescente lâmina se adorna
dobrando o íntimo diapasão do encanto.

Para durar, o Amor também se apura:
Abrandam-se na têmpera a ternura
E o ardor, banhados pelo sofrimento.

O espírito decanta um meigo gesto,
gratuito afeto, o olhar gentil e honesto...
O Amor é um artefato e um armamento.

04-12-16

WALMIR AYALA
1933, Porto Alegre, RS – 1991, Rio de Janeiro, RJ

Tempo de amor

Ter amado é não poder deixar de amar,
é um fluir entre rostos e memórias
que enfim se fundem para ser amor,
tão só amor, como gemido ou culpa.

Ter amado é não saber onde se instala
em que terra do corpo uma raiz
é aspirar pelas almas que em silêncio
se fundem num amor de esquecimento.

Ter amado é por-se à margem do que o amor
quando jovem no sonho tripudia:
macerações, promessas, desconcertos.
É como do cadáver de uma luz
desencarnar o permanente dia.

Ter amado é sonhar num labirinto
o rumo do regresso. É ter à frente
jamais um horizonte desvendado.
Jamais deixar de amar é ter amado.

Voto

Amor, és movimento
para todos os lados,
eu crivado de algemas
te invento.

Amor, vais como um peixe.
Eu, serenado de águas
te naufrago.

Amor, partes em voo.
Eu ancorado.

Mas vou contigo, sempre
de mim predestinado.

Amor, de ti me instruo
condenado.

ZEFERINO BRASIL
1870, Taquari, RS – 1942, Porto Alegre, RS

Zelos

De leve beijo as suas mãos pequenas,
Alvas, de neve, e, logo, um doce, um breve,
Fino rubor lhe tinge a face, apenas
De leve beijo as suas mãos de neve.

Ela vive entre lírios e açucenas,
E o vento a beija e, como o vento, deve
Ser o meu beijo em suas mãos serenas,
Tão leve o beijo como o vento é leve...

Que essa divina flor, que é tão suave,
Ama o que é leve, como um leve adejo
De vento ou como um garganteio de ave.

E já me basta, para meu tormento,
Saber que o vento a beija e que o meu beijo
Nunca será tão leve como o vento!

AUTORES ESTRANGEIROS

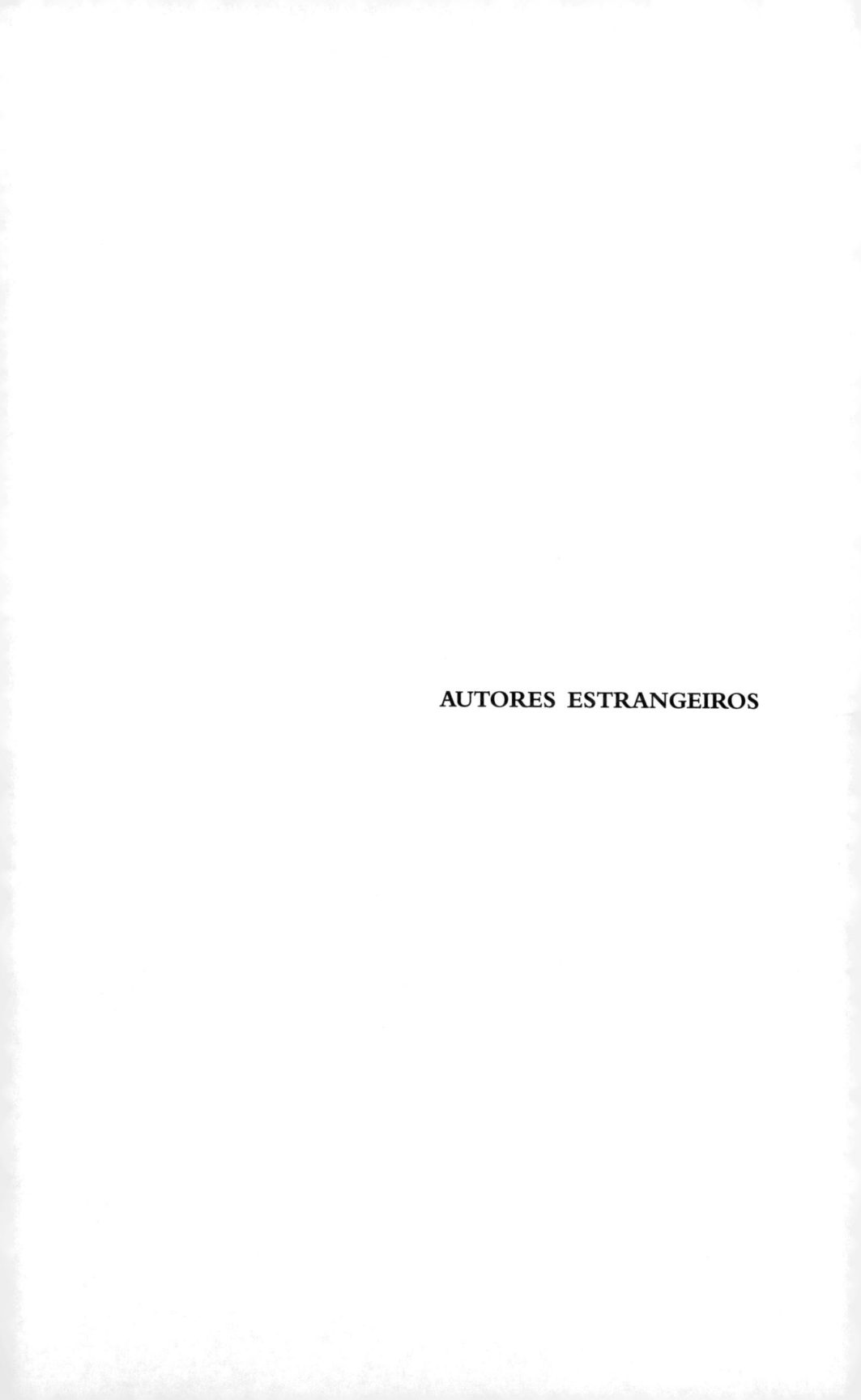

AUTORES ESTRANGEIROS

ALBERT SAMAIN
1858, Lille, França – 1900, Magny-les-Hameaux, França

No deserto jardim, que a bruma envolve...

No deserto jardim, que a bruma envolve, pelas
Árvores, de onde tomba, em punhado de estrelas,
O adeus das flores de ouro e das folhas errantes;
Sob um leve dossel de copas verdejantes,
Nós iremos, até que a tarde abra no poente
As asas de cristal e de prata silente.
Caminharemos entre as sebes, nas estradas;
E o perfume sutil que há nas ervas pisadas,
E o silêncio, e esse amargo encanto misterioso
Que deixa, no ar, o outono inquieto e doloroso,
E que sai dos chorões, dos ninhos e das fráguas,
Das canangas azuis e das tranquilas águas,
Encherão nosso olhar de sonho e de esplendor,
Como um aroma antigo enche a noite de amor...

Tradução (paráfrase) de Ronald de Carvalho

ALEXIS-FÉLIX ARVERS
1806, Paris, França – 1850, idem

Tenho n'alma um segredo e um mistério na vida...

Tenho n'alma um segredo e um mistério na vida:
Um amor eternal, que num minuto aflora!
Uma infeliz paixão, que urge ser escondida,
E que a própria mulher, que me inspirou, ignora!

Ai de mim! Hei de ir só, pela existência afora,
Conquanto sempre junto a esta visão querida!
E morrer, sem pedir ou merecer, embora,
Um sorriso... um olhar... uma frase perdida...

E ela, que a alma possui, só de ternura cheia,
Seguirá seu caminho, indiferente e alheia
Ao murmúrio de amor, que a seus pés se erguerá...

Fiel ao nobre dever; a um tempo honesta e bela,
Dirá, por certo, ao ler meus versos cheios dela:
"Que mulher será esta?"... E não compreenderá...

Tradução de Raul Machado

ANTÓNIO BOTTO
1897, Concavada, concelho de Abrantes, distrito de Santarém, Portugal –
1959, Rio de Janeiro, RJ

Canções

14
De saudades vou morrendo
E na morte vou pensando;
Meu amor, por que partiste
Sem me dizer até quando?
Na minha boca tão triste
Ó alegrias, cantai!
Mas quem acode ao que eu digo?
— Enchei-vos d'água, meus olhos,
Enchei-vos d'água, chorai!

15
Ó meu tesoiro!, por quem
Padece meu coração
Dolorido!

— Que linda noite aí vem!...

A tua carta,
Mil vezes a tenho lido.

Nunca me troques por outro,
Nem me enganes, — vida minha!

Sofro tanto!

A quem contarei meus males,
Negros males, tristes queixas,
Se tu me deixas?

ANTÓNIO DINIS DA CRUZ E SILVA
(Pseudônimo arcádico: ELPINO NONACRIENSE)
1731, Lisboa, Portugal – 1799, Rio de Janeiro, RJ

Da bela mãe perdido Amor errava...

Da bela mãe perdido Amor errava
Pelos campos que corta o Tejo brando,
E a todos quantos via suspirando
Sem descanso por ela procurava.

Os farpões lhe caíam da áurea aljava;
Mas ele de arco e setas não curando,
Mil glórias prometia, soluçando,
A quem à deusa o leve, que buscava.

Quando Jônia que ali seu gado pasce,
Enxugando-lhe as lágrimas que chora,
A Vênus lhe mostrar, leda, se of'rece:

Mas Amor dando um voo à linda face
Beijando-a lhe tornou: "Gentil pastora,
Quem os teus olhos vê, Vênus esquece".

ANTÓNIO RIBEIRO DOS SANTOS
(Pseudônimo arcádico: ELPINO DURIENSE)
1745, Massarelos/Porto, Portugal – 1818, Lisboa, Portugal

À formosura de Lília

Vênus buscando a Amor andava um dia,
E a todos seus por ele procurava;
A mim me perguntou onde ele estava,
E eu lhe disse que em Lília o acharia.

À Lília corre, e vê que amor dormia
Em seu mole regaço; vozes dava,
Por que Amor acordasse; ele acordava,
Mas ria-se da mãe, e adormecia.

Por fim lhe torna: Mãe, não mais te canses,
Qu'eu já daqui não saio, ainda quando
Rogues, ou mandes, ou grilhões me lances.

Fica-te em paz, diz Vênus já voltando,
Nem tu tens melhor colo que descanses,
Nem Lília maior bem que ter-te brando.

ARNALDO SARAIVA
1939, Casegas, Portugal

À flor da pele

Para ti todas as flores são anti
decorativas

Todas as flores existem para que por elas
                                  Passes

 como num rito secreto

                de passagem

O que vês é o que és
O que vês é o que te vê

Para ti (para mim) não há flores
        de retórica

Na substância indizível da luz
        da cor e do perfume

és o nítido enigma

que toco
        — flor! —
                à flor
     da pele.

Terceira margem

Se o seu amor se foi
não se jogue no rio como o outro no Arno

a ter de entrar em rio limpo ou turvo
melhor é ir de barco
ou canoa de nada
que leve à tal famosa
terceira margem

e se perdeu seu amor
pode ganhar outras coisas
que abundam até nos shoppings
consumir consumir
nem que sejam *chiclets*
lingerie que ninguém mais verá

as últimas inúteis maravilhas
da moderna tecnologia

ou então suba a uma torre
de onde aviste as lixeiras da cidade
contemple as esquinas
multicolores do efêmero
corra as ruas como cão batido
ou mendigo escorraçado
mastigue epigramas
que o impeçam de lembrar
o amor perdido por estupidez
era uma vez

depois cansado ao fim da tarde
talvez possa deslocar-se à beira-mar
estender-se até nas dunas
onde dormiu com o seu amor

e se o seu amor se foi
fique ali horas a fio
a olhar as vagas que vão e vêm
o que tem fim e não tem fim

mas nem pense em chorar

há sal e água bastante
no grande mar.

BOCAGE
1765, Setúbal, Portugal – 1805, Lisboa, Portugal

Glosando o mote:
"Morte, Juízo, Inferno e Paraíso."

Em que estado, meu bem, por ti me vejo,
Em que estado infeliz, penoso e duro!
Delido o coração de um fogo impuro,
Meus pesados grilhões adoro e beijo:

Quando te logro mais, mais te desejo,
Quando te encontro mais, mais te procuro,
Quando m'o juras mais, menos seguro
Julgo esse doce amor, que adorna o pejo.

Assim passo, assim vivo, assim meus fados
Me desarreigam d'alma a paz e o riso,
Sendo só meu sustento os meus cuidados:

E, de todo apagada a luz do siso,
Esquecem-me (ai de mim!) por teus agrados
"Morte, Juízo, Inferno e Paraíso."

CAMILO PESSANHA
1867, Coimbra, Portugal – 1926, Macau (então colônia portuguesa), China

Interrogação

Não sei se isto é amor. Procuro o teu olhar,
Se alguma dor me fere, em busca de um abrigo;
E apesar disso, crê! nunca pensei num lar
Onde fosses feliz, e eu feliz contigo.

Por ti nunca chorei nenhum ideal desfeito.
E nunca te escrevi nenhuns versos românticos.
Nem depois de acordar te procurei no leito
Como a esposa sensual do *Cântico dos cânticos*.

Se é amar-te não sei. Não sei se te idealizo
A tua cor sadia, o teu sorriso terno...
Mas sinto-me sorrir de ver esse sorriso
Que me penetra bem, como este sol de Inverno.

Passo contigo a tarde e sempre sem receio
Da luz crepuscular, que enerva, que provoca.
Eu não demoro o olhar na curva do teu seio
Nem me lembrei jamais de te beijar na boca.

Eu não sei se é amor. Será talvez começo...
Eu não sei que mudança a minha alma pressente...
Amor não sei se o é, mas sei que te estremeço,
Que adoecia talvez de te saber doente.

Crepuscular

Há no ambiente um murmúrio de queixume,
De desejos de amor, d'ais comprimidos...
Uma ternura esparsa de balidos,
Sente-se esmorecer como um perfume.

As madressilvas murcham nos silvados
E o aroma que exalam pelo espaço
Tem delíquios de gozo e de cansaço,
Nervosos, femininos, delicados.

Sentem-se espasmos, agonias d'ave,
Inapreensíveis, mínimas, serenas...
— Tenho entre as mãos as tuas mãos pequenas,
O meu olhar no teu olhar suave.

As tuas mãos tão brancas d'anemia...
Os teus olhos tão meigos de tristeza...
— É este enlanguescer da natureza,
Este vago sofrer do fim do dia.

CHARLES BAUDELAIRE
1821, Paris, França – 1867, idem

A cabeleira

Assim! Quero sentir sobre a minha cabeça
O peso dessa noite embalsamada e espessa...
Que suave calor, que volúpia divina
As carnes me penetra e os nervos me domina!
Ah! deixa-me aspirar indefinidamente
Este aroma sutil, este perfume ardente!
Deixa-me adormecer envolto em teus cabelos!...
Quero senti-los, quero aspirá-los, sorvê-los,
E neles mergulhar loucamente o meu rosto,
Como quem vem de longe, e, às horas do sol posto,
Acha a um canto da estrada uma nascente pura,
Onde mitiga ansioso a sede que o tortura...
Quero tê-los nas mãos, e agitá-los, cantando,
Como a um lenço, pelo ar saudades espalhando.
Ah! se pudesses ver tudo o que neles vejo!
— Meu desvairado amor! meu insano desejo!...
Teus cabelos contêm uma visão completa:
— Largas águas, movendo a superfície inquieta,
Cheia de um turbilhão de velas e de mastros,
Sob o claro docel palpitante dos astros;
Cava-se o mar, rugindo, ao peso dos navios
De todas as nações e todos os feitios,
Desenrolando no alto as flâmulas ao vento,
E recortando o azul do limpo firmamento,
Sob o qual há uma eterna, uma infinita calma.
E prevê meu olhar e pressente minh'alma
Longe, — onde, mais profundo e mais azul, se arqueia
O céu, onde há mais luz, e onde a atmosfera, cheia
De aromas, ao repouso e ao divagar convida, —
Um país encantado, uma região querida,
Fresca, sorrindo ao sol, entre frutos e flores:

— Terra santa da luz, do sonho e dos amores...
Terra que nunca vi, terra que não existe,
Mas da qual, entretanto, eu, desterrado e triste,
Sinto no coração, ralado de ansiedade,
Uma saudade eterna, uma fatal saudade!
Minha pátria ideal! Em vão estendo os braços
Para teu lado! Em vão para teu lado os passos
Movo! Em vão! Nunca mais em teu seio adorado
Poderei repousar meu corpo fatigado...

Tradução de Olavo Bilac

Intimidades

Tu és um céu de outono, alegre e cor de rosa!
Mas a tristeza em mim, sombrio mar avança,
E deixa, ao refluir, em minha boca ansiosa
De um lodo escuro e amargo a cáustica lembrança.

— A tua mão me afaga o peito; o que ela quer,
Minha amiga, é um lugar que tem sido saqueado
Pela garra acerada e o dente da mulher:
Até meu coração também foi devorado.

Meu coração é templo onde turba cultua
Todos os crimes vis e os vícios degradantes!
— Um perfume te envolve a pele branca e nua!...

Flagelo de minha alma, ó mulher, por que esperas?
Com teus olhos de fogo, archotes flamejantes,
Calcina o que sobrou do repasto das feras!

Tradução de Paulo Cesar Pimentel

FEDERICO GARCÍA LORCA
1898, Fuente Vaqueros, Granada, Espanha – 1936, Viznar, Granada, Espanha

Ar noturno

Tenho muito medo
destas folhas mortas,
e medo dos prados
cheios de rocio.
Vou adormecer;
se não me despertas
ao teu lado deixo meu coração frio.

Que é isso que soa
tão longe?
Amor. O vento nas vidraças,
meu amor!

Eu te pus colares
com gemas de aurora.
Por que me abandonas
por este caminho?
Se vais muito longe,
meu pássaro chora
e o vento vinhedo
não dará seu vinho.

Que é isso que soa
tão longe?
Amor. O vento nas vidraças,
meu amor!

Não acabarás nunca,
esfinge de neve,
o muito que eu
te houvera querido

essas madrugadas
quando chove tanto
e no ramo seco
se desfaz o ninho.

Que é isso que soa
tão longe?
Amor. O vento nas vidraças,
meu amor!

Tradução de Walmir Ayala

FERNANDO PESSOA
1888, Lisboa, Portugal – 1935, idem

O amor, quando se revela...

O amor, quando se revela,
Não se sabe revelar.
Sabe bem olhar p'ra *ela*,
Mas não lhe sabe falar.

Quem quer dizer o que sente
Não sabe o que há-de dizer.
Fala: parece que mente...
Cala: parece esquecer...

Ah, mas se *ela* adivinhasse,
Se pudesse ouvir o olhar,
E se um olhar lhe bastasse
P'ra saber que a estão a amar!

Mas quem sente muito, cala;
Quem quer dizer quanto sente
Fica sem alma nem fala,
Fica só, inteiramente!

Mas se isto puder contar-lhe
O que não lhe ouso contar,
Já não terei que falar-lhe
Porque lhe estou a falar...

FLORBELA ESPANCA
1894, Vila Viçosa, Portugal – 1930, Matosinhos, Portugal

Frêmito do meu corpo a procurar-te...

Frêmito do meu corpo a procurar-te,
Febre das minhas mãos na tua pele
Que cheira a âmbar, a baunilha e a mel,
Doido anseio dos meus braços a abraçar-te,

Olhos buscando os teus por toda a parte,
Sede de beijos, amargor de fel,
Estonteante fome, áspera e cruel,
Que nada existe que a mitigue e a farte!

E vejo-te tão longe! Sinto a tua alma
Junto da minha, uma lagoa calma,
A dizer-me, a cantar que me não amas...

E o meu coração que tu não sentes,
Vai boiando ao acaso das correntes,
Esquife negro sobre um mar de chamas...

FRANCISCO MANUEL DE MELO
1608, Lisboa, Portugal – 1666, idem

Formosura, e morte, advertidas por um corpo belíssimo, junto à sepultura

Armas do amor, planetas da ventura,
Olhos, adonde sempre era alto dia,
Perfeição, que não cabe em fantasia,
Formosura maior que a formosura:

Cova profunda, triste, horrenda, escura,
Funesta alcova de morada fria,
Confusa solidão, só companhia,
Cujo nome melhor é sepultura:

Quem tantas maravilhas diferentes
Pode fazer unir, senão a morte?
A morte foi em sem-razões mais rara.

Tu, que vives triunfante sobre as gentes.
Nota (pois te ameaça uma igual sorte)
Donde para a beleza, e no que para.

Alegria custosa

Enfim que aquela hora é já chegada,
Que até nos passos traz preço e ventura,
Tão merecida de uma fé tão pura,
E de um tão limpo amor tão esperada.

Ela tardou em vir, como rogada
Da viva saudade, que ainda dura.
Ora bem pode vir, e estar segura,
Que há de ser possuída e desejada.

Senhora, se com lágrimas convinha
Sentir somente o mal, e agora o canto,
É digno de outra glória verdadeira;

Não cuideis que é fraqueza da alma minha,
Mas que de costumada sempre ao pranto,
Não sabe festejar de outra maneira.

FRIEDRICH GOTTLIEB KLOPSTOCK
1724, Quedlinburg, Alemanha – 1803, Hamburgo, Alemanha

Ode a Fanny

Quando eu morto estiver e a cinzas reduzido,
E meus olhos, que há muito a luz terão perdido
Porque os tenha envolvido o negro véu da morte,
Já não possam chorar a minha infausta sorte,
E nem erguer o fito, em muda adoração,
Do Além misterioso à etérea habitação;
Quando se haja esvaído, ou no porvir firmado,
A fama de cantor que me haviam ganhado.
Tanta lágrima a flux dos anos meus na flor
E ao Messias de Deus o meu profundo amor;
Quando a morte extinguir nos olhos teus, querida,
O sorriso, e o fulgor que os animou na vida, —
Ver-se-á que os rasgos teus, tuas nobres ações
Feitas sem atrair do mundo as atenções,
Sendo da sã virtude o mais formoso emblema,
À glória têm mais jus que o mais belo poema:
Podias ter amado um ente mais ditoso,
Porém mais nobre não — dá que o diga orgulhoso!
Um dia (diz-mo a fé) terei de ressurgir;
Tua ressurreição é certa no porvir.
Renascidos assim, já nada mais separa
Almas que para irmãs o Eterno destinara.
Deus então, cujo olhar no fiel não se ilude,
Pesará na balança os erros e a virtude.
O que hoje se traduz na terra em dissonância,
Harmonia será na gloriosa estância.
Ao te avistar no céu, ressuscitada, ó bela,
Voará para ti minha alma que te anela;
E logo, pela mão de um ente angelical,
Para teu lado irei, translúcido, imortal.
Teu irmão, que tão terno ao peito meu cingi,

Há de também voar para junto de ti.
Quero que dessa vida o júbilo me tome:
De comoção chorar, chamar-te pelo nome,
Abraçar-te. E depois — plena imortalidade
Será nosso quinhão. Vinde, ó gozos divinos
Que não sei traduzir nestes meus rudes hinos!
Vós inefáveis sois, como esta dor pungente
Que no meu coração lavra perenemente!
Ouve, porém, querida: é fatal e seguro
Passar da aura vital para o túmulo escuro.
Entregue-se ao pesar quem, por triste alvedrio,
Tem nebuloso o amor — merencório e sombrio.

Tradução de Barão de Paranapiacaba

GOETHE
1749, Frankfurt, Alemanha – 1832, Weimar, Alemanha

Distante amor

Eu penso em ti quando o fulgor do sol ardente
        reluz do mar;
E penso em ti quando a tranquila fonte
        espelha o luar.

A ti eu vejo da longínqua estrada
        entre a turba e pó;
E, alta noite, por tenebrosa senda,
        peregrino e só.

Tua voz me fala entre o fragor da vaga
        que vem tombando;
Ou, quando em silêncio, lá na selva erma
        te estou escutando.

Contigo estou, de ti tão longe embora.
        'Stás junto a mim!
Já cai o dia... Vêm luzindo os astros...
Ver-te-ei, enfim?

Tradução de Osmar Bastian Pinto

HEINRICH HEINE
1797, Dusseldorf, Alemanha – 1856, Paris, França

Tens joias e diamantes...

Tens joias e diamantes,
Quais não têm tuas rivais,
Tens os mais belos dos olhos...
Amor, que desejas mais?

E sobre esses olhos belos
Já de carmes imortais
Tenho composto volumes...
Amor, que desejas mais?!

E com esses olhos belos,
Até não quereres mais,
Tens-me posto à dependura...
Amor, que desejas mais?!

Não te diz meu rosto pálido...

Não te diz meu rosto pálido
Que eu morro de amor por ti?!...
Queres que a boca o proclame,
Quebre orgulhosa por si!...

Oh! que esta boca mal sabe
Beijar, sorrisos compor,
Dizer sardônicos ditos
Enquanto eu morro de dor!

Tradução de Gonçalves Dias

JEAN RICHEPIN
1849, Medea, Argélia – 1926, Paris, França

Tuas palavras

Tuas palavras têm melodias divinas,
Acordes de cristal, pianíssimo, vibrando!
De olhos cerrados fico, imerso em gozo, quando,
Dizendo-me um segredo o alvo pescoço inclinas...

Então não me inebria o olor de balsaminas
de tua boca, — é, mais o tom límpido e brando,
Que dás a uma palavra, a um simples "sim", falando...
Tuas palavras têm meiguices peregrinas!

Eis, pois, o que me faz dormentes os sentidos;
Ouço-te, sem saber o que estás a dizer-me,
Qual numa língua estranha e suave aos meus ouvidos!...

E em pleno arrebatar duns êxtases radiosos
Sinto invisível mão percorrer-me a epiderme...
— Tuas palavras, flor! têm dedos cariciosos...

Tradução de Álvaro Reis

Frêmitos de amor

Na sombra, junto a mim, há frêmitos de amor.
        Traz-me a brisa, entontecedor,
Um bafejo aromal de jasmins e de rosas.
Plangem de manso, no ar, músicas misteriosas,
        Cheias de um cálido langor.
Na sombra, junto a mim, há frêmitos de amor.

E ai! é tão longe a terra, as praias tão distantes!
        Adeus, adeus, lindas amantes!
Trança em que me prendi — laço cheiroso e brando —
Boca de onde arranquei meu coração sangrando,
        Tão longe! Adeus, carnes em flor!
Na sombra, junto a mim, há frêmitos de amor.

A estas recordações meu sangue moço estua.
Aromas, compaixão! Desaparece, ó lua!
Ventre alvo, seios nus, sustai vossa vingança!
        Adeus, ó boca! adeus, ó trança!
        Adeus, adeus, carnes em flor!
Na sombra, junto a mim, há frêmitos de amor.

Tradução de Ricardo Gonçalves

JOÃO RUIZ DE CASTELO BRANCO
Século XV, Portugal

Cantiga sua, partindo-se

Senhora, partem tam tristes
meus olhos por vós, meu bem,
que nunca tam tristes vistes
outros nenhuns por ninguém.

Tam tristes, tam saudosos,
tam doentes da partida,
tam cansados, tam chorosos,
da morte mais desejosos
cem mil vezes que da vida.
Partem tam tristes os tristes,
tam fora d'esperar bem,
que nunca tam tristes vistes
outros nenhuns por ninguém.

JOAQUIM ANTÓNIO EMÍDIO
1955, Lisboa, Portugal

Hoje os teus lábios anunciavam a vindima...

Hoje os teus lábios anunciavam a vindima
e eu quis colher na tua boca os primeiros frutos
entretanto disseste-me que olhasse
um pouco mais pela nossa vida
e que deixasse a terra receber o resto das chuvas
agora quero que chova muito
muito meu amor
e colhas também na minha boca
o melhor das minhas uvas.

JOHN CLARE
1793, Helpston, Reino Unido – 1864, Northampton, Reino Unido

Canção

Dize-me o que é o amor — viver em vão;
Viver, morrer e reviver então.

Dize-me o que é o amor — é livre estar
E na masmorra ter o seu lugar

Ou livre parecer — e encontrar, só,
Do amor real um esperar sem dó?

Ele cruza este chão que nos confina?
É qual raio solar entre a neblina

Que se apaga e em lugar algum resiste,
E a seu fulgor jamais um outro assiste.

Dize-me o que é o amor — um belo nome,
Flor que o livro da fama alça e consome

Pois floresce e fenece — e nunca mais
Finge-nos ser o que não foi jamais.

Dize-me o que é o amor — seja o que for,
Tu, Maria, o manténs a teu redor.

Tradução de Alexei Bueno

JOSÉ MARIA DE HEREDIA
1842, La Fortuna, Cuba – 1905, Paris, França

Seguindo Petrarca

Saíeis de uma igreja e, num gesto apiedado,
As vossas nobres mãos abriram-se à pobreza;
À sombra do portal vossa clara beleza
Mostrava o ouro dos céus ao mendigo extasiado!

E quando, humilde como um cortesão curvado,
Eu vos saudei com toda a graça e gentileza,
Puxastes a mantilha aos olhos, com presteza,
Desviando-vos de mim com ar de desagrado.

Mas Amor, que domina o peito mais altivo.
— Menos terna que linda — ah! não quis que uma graça
Me não desse a piedade, um doce lenitivo!

Porque fostes tão lenta o véu baixando, oh bela!
Que entre os cílios passou um clarão como passa
Dentre a folhagem negra o raio de uma estrela!

Perseu e Andrômeda

Entre as vagas, o voo impávido sofreia
O matador do Monstro e da Medusa irada,
E coberto de horrenda espuma ensanguentada,
Belo, a virgem conduz, qual divina sereia!

Sobre o alado corcel que o oceano escouceia
E nitre e arfa e refuga, em meio à espumarada,
Ele depõe a amante, ainda em pranto banhada,
Que lhe sorri, e ao seio alvo e tímido o enleia.

Abraça-a. O mar azul envolve o grupo lindo!
E trêmula, à garupa, ela ergue, em sobressalto,
Os pequeninos pés que a onda beija, fugindo...

Mas Pégaso irritado aos vaivéns da água, ansiantes,
Ao brado de Perseu, erguendo-se de um salto,
Bate o ofuscado céu com as asas flamejantes!

Tradução de Álvaro Reis

LAMARTINE
1790, Mâcon, França — 1869, Paris, França

A Elvira

Quando, contigo a sós, as mãos unidas,
Tu, pensativa e muda; e eu, namorado,
Às volúpias do amor a alma entregando,
Deixo correr as horas fugidias;
Ou quando às solidões de umbrosa selva
Comigo te arrebato; ou quando escuto
— Tão só eu, — teus terníssimos suspiros;
        E de meus lábios solto
Eternas juras de constância eterna;
Ou quando, enfim, tua adorada fronte
Nos meus joelhos trêmulos descansa,
E eu suspendo meus olhos em teus olhos,
Como às folhas da rosa ávida abelha;
Ai, quanta vez então dentro em meu peito
Vago terror penetra, como um raio!
Empalideço, tremo;
E no seio da glória em que me exalto,
Lágrimas verto que a minha alma assombram!
        Tu, carinhosa e trêmula,
Nos teus braços me cinges, — e assustada,
Interrogando em vão, comigo choras!
"Que dor secreta o coração te oprime?"
Dizes tu, "Vem, confia os teus pesares...
"Fala! eu abrandarei as penas tuas!
"Fala! eu consolarei tua alma aflita!"
Vida do meu viver, não me interrogues!
Quando enlaçado nos teus níveos braços
A confissão de amor te ouço, e levanto
Lânguidos olhos para ver teu rosto,
Mais ditoso mortal o céu não cobre!
Se eu tremo, é porque nessas esquecidas

Afortunadas horas,
Não sei que voz do enleio me desperta,
E me persegue e lembra
Que a ventura co'o tempo se esvaece,
E o nosso amor é facho que se extingue!
De um lance, espavorida,
Minha alma voa às sombras do futuro,
E eu penso então: "Ventura que se acaba
Um sonho vale apenas".

Tradução de Machado de Assis

LEOPARDI
1798, Recanati, Itália – 1837, Nápoles, Itália

O primeiro amor

Torna-me à mente o dia em que a batalha
Do amor travei primeira vez e disse:
Isto, amor? Não há mal que lhe equivalha!

Olhos no chão, sem que outra coisa eu visse,
Pensava, recordando-lhe os primores,
Na que antes de outra fez que a preferisse.

Por que desejos tantos, tantas dores,
Afeto assim me trouxe, por contraste?
E por que, bem tão grande, entre travores,

Ao coração, ferindo-o me chegaste,
Em vez de inteiro e livre, almo e sereno?
Ai, amor, que inclemente te mostraste!

Diz-me, coração terno, que veneno
De temor e de angústia em ti sentias
Para em tédio mudar prazer terreno?

Num doce pensamento só vivias
Preso, luzindo ao sol, e preso quando
Batia em paz a noite horas sombrias:

Tu, a um tempo feliz e miserando,
No leito, inquieto, o corpo me agitavas,
E incessante fremias, palpitando.

Depois, por pouco, ó sono, me fechavas
Os olhos, triste e exausto, mas fervura
De febre se acendia e me deixavas.

Oh! quão viva aos meus olhos, pela escura
Noite, através das pálpebras caídas,
Ela me entressurgia a visão pura!

Como de um doce impulso às sacudidas
Todo o meu ser tremia, e quanta imagem,
Nos vários pensamentos, em corridas,

Por mim passava, assim como à bafagem
Do zéfiro nos bosques vai nascendo
Incerto e longo múrmur na folhagem.

E enquanto, recolhido, a nada atendo,
Que dizes, coração, da que partia,
Tendo-te feito em dor viver batendo?

E mal em mim do amor já se acendia
A chama, logo a brisa passageira
Que a entretinha morreu na calmaria.

Insone, eu via da alva a luz primeira.
Eu sem ela! A escarvar, pronta a partida,
Corcéis, do lar paterno na soleira.

Tímido e sem saber nada da vida,
Para o balcão tornei o ouvido atento,
No escuro, a vista incerta e espavorida,

Buscando-lhe dos lábios doce acento,
Uma última palavra, pois que tudo
O céu me retirava num momento.

Ouvindo qualquer voz, eis que me iludo
E pelo corpo sinto me perpassa,
Trêmulo o coração, frêmito agudo...

Mas pois que finalmente aquela graça,
Aquela voz tão cara vai distante
E o tropel dos cavalos se compassa,

Então só no meu leito, palpitante,
Cerro os olhos, a mão me aperta o peito,
E suspiro. Crescendo a cada instante

O estupor, arrastando-me desfeito,
Na solidão do quarto, vou dizendo:
"Que outro afeto à minha alma irá direito?"

Lembrança amarga então me ficou sendo
A companheira, e o ser me estrangulava,
Ouvindo alguém falar, ou rosto vendo.

Fez-se-me a vida da tristeza escrava,
Tal como quando a chuva, de mansinho,
Melancolicamente os campos lava.

Feito para chorar, mal no caminho
Dos inexpertos meus dezoito anos,
Amor, cruel já te sentia o espinho.

Prazer tinha em desprezo e os seus enganos,
Sorrir dos astros, a silente aurora,
Prados luzindo aos raios meridianos.

Até o amor da glória, esse que outrora
Me incendiava, emudeceu perdido,
E o amor do belo pôs em mim demora.

Com os diletos estudos não mais lido,
Agora vãos se me representavam,
E tudo o mais era antes sem sentido,

Que mudanças! E como me entregavam
Ao novo amor outros tão diferentes?
Vãos, os homens! A mim só me agradavam

Meu coração e este fugir das gentes.
Com ele entretive a sós longa conversa,
Montando guarda às dores inclementes.

O olhar, ora no chão, ora introverso,
Era-me incomparável, inda em vago
Minuto, ver alguém, rosto diverso:

Para que, como encrespa a onda do lago
A aura que passa, assim eu não pudesse
A imagem macular da que em mim trago.

Do gozo pleno que não tive, desse
Remorso sinto a dor que me condena,
E o prazer que passou antes não visse.

A amargura, que ainda me envenena,
Desses extintos dias, me vexava,
Mas da vergonha não senti a pena.

Não me moveu o desejo que deprava,
Aos céus o juro e a vós, almas honestas:
De casto afeto a chama me abrasava.

Vive ainda este fogo, luz-me em festas
A pulcra imagem da que de alegrias
Celestes me banhou: só tu me restas,

Tu só, tu só contentas os meus dias.

Tradução de Aloísio de Castro

LUÍS DE CAMÕES
1524?, Lisboa, Portugal – 1580, idem

Amor é um fogo que arde sem se ver...

Amor é um fogo que arde sem se ver;
É ferida que dói e não se sente;
É um contentamento descontente;
É dor que desatina sem doer;

É um não querer mais que bem querer;
É solitário andar por entre a gente;
É nunca contentar-se de contente;
É cuidar que se ganha em se perder;

É um estar preso por vontade;
É servir a quem vence, o vencedor;
É ter com quem nos mata lealdade.

Mas como causar pode seu favor
Nos corações humanos amizade,
Se tão contrário a si é o mesmo Amor?

Sete anos de pastor Jacó servia...

Sete anos de pastor Jacó servia
Labão, pai de Raquel, serrana bela;
Mas não servia ao pai, servia a ela,
Que ela só por prêmio pretendia.

Os dias, na esperança de um só dia,
Passava, contentando-se com vê-la,
Porém o pai, usando de cautela,
Em lugar de Raquel lhe dava Lia.

Vendo o triste pastor que com enganos
Lhe fora assim negada a sua pastora
Como se a não tivera merecida,

Começa de servir outros sete anos,
Dizendo: — Mais servira, se não fora,
Para tão longo amor tão curta a vida.

Busque amor novas artes, novo engenho...

Busque amor novas artes, novo engenho,
Para matar-me, e novas esquivanças;
Que não pode tirar-me as esperanças
Que mal me tirará o que eu não tenho.

Olhai de que esperanças me mantenho!
Vede que perigosas seguranças!
Que não temo contrastes nem mudanças,
Andando em bravo mar, perdido o lenho.

Mas, conquanto não pode haver desgosto
Onde esperança falta, lá me esconde
Amor um mal, que mata e não se vê;

Que dias há que na alma me tem posto
Um não sei quê, que nasce não sei onde,
Vem não sei como, e dói não sei por quê.

LUÍS DE GÓNGORA
1561, Córdoba, Espanha – 1627, idem

Romance amoroso

Calarei meu sofrimento,
publicarei minha dor?
Se calo não tem remédio;
se a conto não há perdão.
De qualquer sorte se perdem
asas de cera. É melhor
que hoje as umedeça o mar
ou as incendeie o Sol?
Que me aconselhas, Amor?

De um instrumento acordado
a um doce e dolente som,
será a piedade mais surda
que o inferno que a escutou?
Ao som, pois, deste instrumento
intimarei ao albor
queixas que lhe beba o ouvido
pelo cristal de uma voz?
Que me aconselhas, Amor?

Com as centelhas da alma
que ofertam meus olhos hoje
(comedida a atividade,
desmentida sua cor),
será bem que de tuas asas,
já não digo a mais veloz
senão a mais doce pluma,
indique tanto rigor?
Que me aconselhas, Amor?

Menino Deus, me aconselha,
bem que podes; pois sei eu
o que ignoras por menino
bem o sabes como Deus.
Oráculo de ti mesmo,
desatarás, não só, não,
meus receios, pois o gelo
sabes do seu coração.
Que me aconselhas, Amor?

Tradução de Walmir Ayala

MIHAI EMINESCU
1850, Botoşani, Romênia – 1889, Bucareste, Romênia

O Luzeiro

Era uma vez como nas gestas,
    Em uma era inaudita,
De nobre graças manifestas,
    Uma moça bonita.

Filha dileta para os seus;
    Estimada por tantos,
Qual lua em cintilantes céus
    E a Senhora entre os Santos.

Com o orbe da abóboda sombria,
    Aperta os passos para
A ampla janela, de onde via
    Que o Luzeiro a aguardara.

E nas marítimas correntes,
    Previu seu brilho brando:
Mesmo por vias diferentes,
    Obscuros barcos guiando.

Eis que amanhã será como hoje —
    Ela estará à janela.
Mas ele, enquanto o tempo foge,
    Cairá de amor por ela.

E quando o devaneio a evade,
    As têmporas espalma,
Sentindo uma funda saudade
    No coração e na alma.

Ardendo com maior anelo,
    Ele então ilumina
O quarto escuro do castelo
    Quando surge a menina.

★

Mas ele, com o passar dos dias,
    Ao quarto dela trilha,
Tecendo com centelhas frias
    Uma fátua mantilha.

À noite, enquanto ela dormita
    Em seu leito sonhando,
Ele afaga a sua tez bonita,
    Suas pálpebras beijando.

No corpo dela uma centelha
    Refletida declina:
É o olhar dele que avermelha
    Seu rosto de menina.

Ela o contempla com um sorriso.
    No espelho, ele se esquiva
A sonhar, que será preciso
    Fazer sua alma cativa.

E a moça, nos sonhos de amor,
    Fala e um suspiro solta:
— Meu doce e noturno senhor,
    Quando estarás de volta?

Cai para mim, astro luzente,
    Como estrela caída;
Penetra em minha casa e mente,
    A iluminar-me a vida.

Ele, escutando tremulante,
    Arde cada fagulha.
E então saltando fulgurante,
    Em pleno mar mergulha.

No mar, com seu mergulho largo,
    Os turbilhões se movem,
Porém, do abismo ignoto e amargo,
    Emerge um belo jovem.

Então atravessando a cunha
    À beira do caixilho,
Ele entra altivo, enquanto empunha
    Um cetro de junquilho.

De nobre porte, se lhe espalha
    Uma flava madeixa;
Mas amarrada uma mortalha
    Presa às espáduas deixa.

Na penumbra seu rosto lívido
    Tem o palor de cera —
É um belo morto de olhar vívido,
    Que em fogo se acendera.

— Oriundo de um etéreo plano,
   Eu venho ora por ti:
Sou filho do supremo Urano,
   E de Tétis nasci.

Eu já vim ao teu quarto ameno
   Ao ir te visitar,
Descendo junto com o sereno
   Para nascer do mar.

Oh, vem, inefável perfume!
   Deixa o lar pra ser minha;
No céu, sou eu Farol e Lume;
   Serás minha rainha.

Em meu palácio de corais,
   Terás longas idades.
No oceano hão de atender-te, quais
   Sejam tuas vontades.

— És belo; e como te pareces
   Com o anjo de meu sonho.
Mas a via que me ofereces
   É a mesma a que me oponho.

De fala alheia e ar disjunto,
   Reluzes como vela.
Estando eu viva; estás defunto:
   Teu olhar me regela.

★

Vão-se as manhãs. Caem três tardes.
    E em seu noturno ameno,
Eis que o Luzeiro ainda arde,
    Irradiante e sereno.

Perturbada, porém, durante
    O sonho, ela o memora,
Saudosa do senhor vagante,
    A lhe chamar agora:

— Cai para mim, astro luzente,
    Como estrela caída,
Penetra em minha casa e mente,
    A iluminar-me a vida!

Ele, quando no céu a ouvira,
    Extinguiu sua pena.
E da escuridão ele gira
    Em sua órbita plena;

Se inflama, no expandir-se infindo
    Como os meteoritos,
Ele, do abissal caos caindo,
    Espalha astrais detritos.

Na coma negra como a Treva,
    Cintilante grinalda;
Vogando enquanto o fogo leva,
    Em ígneo sol se escalda.

Mostrando, no seu voo alçado,
    Com suas mãos de gigante,
Meditativo e desolado,
    Seu pálido semblante.

Olhos numinosos, embora
    Quiméricos e expertos,
Pela paixão destruidora,
    Plenos de vultos pretos.

— Oriundo de um etéreo escol,
    Eu retornei por ti:
Sou filho do longínquo Sol,
    E da Noite nasci.

Oh, vem, inefável perfume!
    Deixa o lar pra ser minha;
No céu, sou eu Farol e Lume;
    Serás minha rainha.

A teu cabelo ruivo faço
    A grinalda de estrelas.
Serás, no cintilante espaço,
    Mais bonita do que elas.

— És belo; e como te pareces
    Com o demônio em meu sonho.
Mas a via que me ofereces
    É a mesma a que me oponho!

— Teu amor é meu desalento;
    Minha alma se escasseia.
Teus olhos são meu sofrimento;
    Teu rosto me incendeia.

— Como posso cair, no entanto,
    Minha doce querida;
Tendo eu perenidade, enquanto
    Tens efêmera vida?

— Não escolho palavras para
    Minha prosaica senda...
A tua fala é muito clara,
    Embora a não compreenda;

Acaso teu anelo encerra
    Ser meu senhor; após
Caíres a esta humilde terra,
    Mortais seremos nós.

— Por um só beijo, tu condenas
    Minha imortalidade.
Porém, deves saber apenas:
    Amo em eternidade.

Mas, renascido do pecado,
    Em tua alta lei confio;
À eternidade estou ligado —
    Desatarei o fio.

E ele se foi... se foi à leda
    E amorosa procura;
Do plano etéreo sua queda
    Noites e dias dura...

★

E ora aparece Catalino,
    O copeiro da casa,
Que serve à mesa, enquanto vinho
    Pelos cálices vaza;

Um pajem que com passo tardo
    A alta heráldica traz;
Um homem rústico e bastardo,
    Mas com olhar pertinaz,

Corando-se em vermelho-vivo,
    Quando a inocência mina,
O pajem, com jeito furtivo,
    Fitava Catalina.

— Quanto bonita ela se fez!
    É flama que se expande!
Catalino aposta de vez
    Tirar a sorte grande.

Com um abraço, todavia,
    Ele se fez audaz.
— Mas, Catalino, que ousadia!
    Queres deixar-me em paz!

★

— Não estás vendo? É meu desejo
    Poder beijar-te as faces.
És tão alegre! Dá-me um beijo
    Porquanto me alegrasses.

— O que me pedes desconheço!
    Vá embora! Eis minha sorte:
Presa a um luzeiro, a que pertenço,
    Confiei-me à dor da morte...

— Então permita a minha ajuda.
    Esta a lição do amor:
Não deixes que essa dor te iluda:
    Apaga teu ardor.

Qual caçador que ao passaredo
    Estira exímio laço,
Ao te estender o braço esquerdo,
    Sê cúmplice a meu braço;

Pousa em meus olhos teu olhar
    Pra neles te espelhares...
Por tua cintura ao te elevar,
    Levanta os calcanhares;

Ao inclinar-me, com meu rosto
    Em teu rosto, querida,
Nosso olhar suavemente posto
    Ficará toda vida.

Pra conhecer o amor, melhor
    É cair no gracejo:
Ao te beijares, pelo amor
    Dá-me também um beijo.

Ela o escutava, muito embora
    Displicente e confusa;
Envergonhada, naquela hora,
    Com a proposta inconclusa,

Mas sussurrou: — Agora atino
    Que já te conhecera:
De minha infância és o menino
    Que comigo crescera...

Conheço um luzeiro que cresce
    Do fundo esquecimento.
E do horizonte imenso, desce
    Ao marítimo assento.

As pálpebras com minhas mágoas
    Choram por não ser dele,
Pois a maré de salsas águas
    Pra longe me repele.

Fulgindo em seu amor profundo,
    Longe de meu pesar,
Alça-se ao seu etéreo mundo,
    A se refugiar.

Restam raios glaciais somente
    De seu luzir adiante...
Eu hei de amá-lo eternamente,
    Muito embora distante...

Cada manhã, por conta disso,
    É erma e depressiva;
E cada noite, eu me enfeitiço
    De ansiosa expectativa.

— Pobre menina, dá-me o braço...
    Iremos juntos. Vamos
Sem imprimir na areia um passo;
    Até o nome deixamos:

Irás comigo aonde eu for,
    Como bons sabichões;
Esquecerás paterno amor
    E as alucinações.

*

No luzeiro a voar cresciam
    Suas asas de ígneas penas,
E muitos anos transcorriam
    Em um momento apenas.

De uma constelação remota,
    Ei-lo junto às estrelas —
Parecia clareando a rota
    A navegar entre elas.

Porém, do abissal caos afora,
    Ele, em ardente afã,
Viu, como na primeira aurora,
    A nascente manhã.

Ao emergir, cerca seu plectro
    O amargo oceano todo...
Como um enamorado espectro,
    Se apaga todo, todo...

Porque chegara ao limiar,
    No alto perder de vista,
Onde o tempo tenta gerar
    Sua inútil conquista.

Não há nada, conquanto avante
    Um anseio incontido,
Um largo abismo, semelhante
    Ao imortal olvido.

— Desamarra-me, meu Senhor,
    Da eternidade obscura;
Receberás grande louvor
    Enquanto o tempo dura.

Uma resposta me consente:
    Mudaste minha sorte?
Porque tuas mãos, Onipotente,
    Doam a Vida e a Morte...

Livra-me dos astrais assentos
   De infindas nebulosas;
Eu troco inúmeros talentos
   Por horas amorosas...

Senhor, do Caos apareci;
   Ao Caos retornarei.
Se do repouso é que nasci,
   Para ele voltarei.

— Hipérion, que do abismo traz
   O lume ao fim das tardes,
Não peças para ver sinais
   Conquanto um nome guardes.

Queres tornar-te um ser humano;
   Qual gente parecer?
Mas se eles vivessem sem dano,
   Iriam renascer.

No vendaval, põem-se a semear
   Sua improfícua ideia —
São ondas que nascem no mar
   Para morrer na areia;

Eles são escravos da Sorte;
   Joguetes da Ventura.
Ignoramos o Espaço, a Morte
   E o quanto o Tempo dura.

Mas do seio do eterno fogo
   Vive hoje o que é morrente;
Se acaso um sol se extingue, logo
   Há um novo sol nascente;

Mas eles vivem num horrendo,
   Mórbido perecer,
Pois nascidos estão morrendo;
   Mortos, querem nascer.

Porém, tu, Hipérion, repousas
   Ou prossegues sem guia...
Perguntas-me as eternas cousas!
   Queres sabedoria?

Queres ter boca, a voz e o alento?
   Queres poder cantar?
Juntar montanhas num intento,
   E as ínsulas do mar?

Como um legista de maneira
   A ser grandioso, queres?
Eu te ofereço a terra inteira,
   Sobre a qual tu imperes.

Eu te darei os céus e a terra,
   O universo visível,
A paz e o triunfo na guerra,
   Mas a morte é impossível...

Morrerás por uma menina?
   Voltando os olhos, guarda
Recordação da peregrina
   Terra que enfim te aguarda.

★

Ao chegar ao etéreo assento,
   Numa órbita perfeita,
Eis que Hipérion, nesse momento,
   Sua fúlgida luz deita.

O carro do sol se esvaía;
   Fez-se o orbe mais sombrio;
O plenilúnio refletia
   O luar na água do rio;

Ele esplendeu raios de prata,
   Nos ramos e cipós...
E eis namorados pela mata
   A fim de estarem sós:

— Deixa-me estar, minha querida,
   Deitado no teu colo,
Pois com o cansaço desta vida,
   A olhar-te me consolo;

Penetra em toda a minha alma!
   Eleva o meu encanto!
A guardar essa eterna calma
   Num noturno acalanto!

Estás comigo, ao sol se pôr,
    Em meu dolente anseio,
Porque és o meu primeiro amor
    E o último devaneio.

Hipérion, num etéreo espaço,
    Com fulgurante face,
Viu que ele lhe estendia o braço
    Para que ela o abraçasse...

Caía suave chuva pelos
    Canteiros perfumados,
Borrifando os ruivos cabelos
    Dos jovens namorados.

Ela, admirando-se do enleio,
    Contemplando o céu, pôs-se
A confessar seu doce anseio
    Numa cantiga doce:

— Cai para mim, astro luzente,
    Como estrela caída;
Penetra em minha casa e mente,
    A iluminar-me a vida!

O estremecimento que o invade
    Nos montes refletia;
É o rei das águas da saudade
    E da onda fugidia;

Mas como outrora não cairia;
  Pôs-se assim a dizer:
— Frívola, pouco importaria
  Ser minha ou de um qualquer?

Vivendo em vosso ciclo estrito,
  O acaso vos altera.
Frio e imortal, no orbe infinito,
  Eis-me na etérea esfera.

Tradução de Wagner Schadeck

MOLIÈRE
1622, Paris, França – 1673, idem

O amor
(Fala de Eliante a Célimène, cena IV, ato I, de *O misantropo*)

O amor é sempre avesso às leis da observação.
Gaba o amante na eleita os dons do coração.
Nada sua paixão lhe acha de censurável.
Tudo, no amado ser, se lhe afigura amável.
Os defeitos que tem, conta-os por perfeições,
Tornando-lhes gentis as denominações.
A pálida é ao jasmim, na alvura, comparada;
É uma boa morena a negra desbeiçada;
A magra tem, grácil, talhe e desenvoltura;
A gorda é majestosa e imponente em figura;
A que é desmazelada, imunda ou displicente,
É, por atenuação, beleza negligente;
A que é alta é uma deusa aos olhos dos mortais;
A anã resume em si as graças celestiais;
Faz jus a uma coroa a fronte da orgulhosa;
A hipócrita é engraçada; a idiota é generosa;
A faladeira tem agradável humor
E a muda, a sonsa, guarda um honesto pudor.
Quem sente no seu peito arder do zelo a chama,
Ama os erros, até, da pessoa a quem ama.

Tradução de Modesto de Abreu

PAUL VERLAINE
1844, Metz, França – 1896, Paris, França

Meu sonho familiar

Tenho este sonho: existe uma mulher
Que eu não conheço e o seu carinho estende
Sobre os meus males todos, que me quer
Como eu a quero, enfim, que me compreende.

Nem um pesar, nem uma dor sequer
Sofro sem que ela o sinta: ela me entende
E a grande dor que a minha fronte pende
Com seu pranto, ela faz amortecer.

É ela morena ou loura? Eu mesmo ignoro.
Seu nome? É tão querido como o nome
Das pessoas amadas que morreram.

Olhos de estátua que um pesar consome!
Tem sua voz o timbre almo e sonoro
Das vozes caras que se emudeceram.

Tradução de Carlindo Lellis

Moderação

>*A batallas de amor campo de pluma.*
>GÓNGORA

Languidez, languidez! tem paciência, formosa!
Acalma esse febril e indômito desejo;
A amante deve ter, no embate mais sobejo,
o abandono da irmã, tímida e carinhosa.

Em teus afagos, pois, sê branda e langorosa,
como do teu olhar o dormente lampejo,
que embora fementido, um prolongado beijo
vale mais que a expressão da carne luxuriosa.

Tu me dizes, porém, que no teu seio ardente,
ruge a fulva paixão, famulenta e bravia;
pois deixá-la rugir desenfreadamente!

A fronte em minha fronte e a mão na minha presa,
choremos, doce amor, até que venha o dia,
jurando o que amanhã negarás com certeza!

Tradução de Baptista Cepellos

Never more

Que me quer, que me quer esta saudade? O outono
Fazia o tordo voar, no ar pesado de sono.
Já um sol sem calor, a tombar do áureo trono,
Mal aclarava o bosque em frígido abandono.

Íamos sós os dois, sonhando — o pensamento
E os cabelos ao léu, voando ao sabor do vento.
E eis que ela, a me fitar, num enternecimento,
Disse: — "Qual foi na terra o teu melhor momento?" —

Com a voz angelical de vibrações amenas.
Por única resposta eu lhe sorri apenas,
E beijei suas mãos brancas devotamente.

Os primeiros botões... Como são perfumados!
E que encantado som, que murmúrio atraente,
tem o primeiro *sim* nos lábios bem-amados!

Tradução de Edmundo Costa

PETRARCA
1304, Arezzo, Itália – 1374, Pádua, Itália

Privado de Laura não mais fará cantos de amor

Seus olhos que eu cantei ardentemente,
rosto, pés, braços, mãos, já não diviso:
de mim mesmo arrancaram-me, e o juízo,
para os ter, eu fugia à toda gente.

A crespa coma de ouro reluzente,
o lampejar do angélico sorriso
que fazia da terra um paraíso
não tem mais vida agora, é pó somente.

E vivo? E calmo, tudo em torno eu olho?
não tenho mais a luz que amava tanto
sou como nau lançada em rude escolho.

Morra também meu amoroso canto;
de lágrimas a lira em luto eu molho:
para chorá-la fique só meu pranto.

Tradução de Luiz Delfino

RAIMUNDO LÚLIO
1233?, Palma de Maiorca, Espanha – 1316?, Bougie, Espanha

Poemas do amado para o amigo

8
"Dize-me, amigo — perguntou o Amado —
terás paciência se redobro tuas penas?"

"Sim — respondeu o amigo — conquanto
que redobres meus amores."

34
"Dize-me, pássaro que cantas por amor, por que
meu Amado me atormenta de amor,
uma vez que me recebeu como simples servidor?"

Respondeu o pássaro:
"Se por amor não padecesses trabalhos,
com que amarias ao teu Amado"?

35
Pensativo ia o amigo
pelas sendas do seu Amado,
e resvalou e caiu entre espinhos

> os quais lhe
> pareceram
> rosas
> e flores,
> como se fossem
> cama de amores.

38
Perguntaram ao amigo por que seu Amado era glorioso.
Respondeu: "Porque é a glória."
Perguntaram por que é poderoso.
Respondeu: "Porque é o poder."
"E por que é sábio?"
— "Porque é a sabedoria."
"E por que é amorável?"
— "Porque é o AMOR!"

39
Madrugou o amigo e buscou a seu Amado
e encontrou gente que ia pelos caminhos
e lhes perguntou se haviam visto a seu Amado.

Responderam com a pergunta: "Em que hora o
teu Amado esteve ausente dos teus olhos mentais?"
Respondeu o amigo: "Depois que vi o meu Amado
    em meus pensamentos, nunca
    jamais esteve ausente dos
    meus olhos corporais, porque
    todas as coisas visíveis
    me representam o meu Amado."

Tradução de Walmir Ayala

RÛMÎ
1207, Balkh, Afeganistão – 1273, Konya, Turquia

Moro na transparência desses olhos...

Moro na transparência desses olhos,
nas flores do narciso, em seus sinais.

Quando a Beleza fere o coração
a sua imagem brilha, resplandece.
O coração enfim rompe o açude
e segue velozmente rio abaixo.

Move-se generoso o coração,
ébrio de amor, em sua infância, e salta,
inquieto, e se debate; e quando cresce,
põe-se a correr de novo enamorado.

O coração aprende com Seu fogo
a chama imperturbável desse amor.

Tradução de Marco Lucchesi

SULLY PRUDHOMME
1839, Paris, França – 1907, Châtenay-Malabry, França

Os laços

Querendo a tudo amar, trago a alma dolorida,
Porque multipliquei a causa dos tormentos...
Frágeis laços, grilhões inúmeros, cruentos,
Prendem meu coração às coisas desta vida.

Tudo a um tempo me atrai e enlaça-me igualmente:
Por seu brilho, a verdade e seus véus, o mistério;
Minh'alma se une ao sol num raio de ouro, etéreo,
E em mil fios de seda a cada estrela ardente...

A cadência me prende à ária que triste evoca;
Seduz-me a veludez da rosa entre os abrolhos;
Eu de um sorriso fiz o grilhão dos meus olhos
E fiz também um beijo a cadeia da boca!

Assim, cativo sou de quem adoro, a esmo...
Suspenso é meu viver nesta rede que o enlaça...
E quando o menor sopro entre aqueles perpassa
Sinto um pouco de mim se arrancar de mim mesmo.

Tradução de Álvaro Reis

Se eu fora Deus

Se eu fora Deus à morte arrancaria as garras,
Faria os homens bons, aboliria o adeus,
Ninguém choraria mais a não ser de alegria,
      Se eu fora Deus.

Se eu fora Deus, somente os frutos saborosos
Deixaria sazonar; para os amantes seus
O trabalho seria um exercício alegre
      Se eu fora Deus.

Se eu fora Deus, por ti, ó mulher a quem amo,
Eternamente azuis desdobraria os céus;
Mas a mesma, qual és, meu anjo, eu te deixaria,
      Se eu fora Deus.

Tradução de Xavier Marques

VERGÍLIO ALBERTO VIEIRA
1950, Amares, Braga, Portugal

Para desagravo de amor imerecido...

Para desagravo de amor imerecido,
Que o bárbaro coração tornou cruel,
Mudou o termo, que o dera por cumprido,
O amargo sentimento em doce mel.

O mal querer, ainda antes consentido,
Em bem querer isento de ódio e fel.
O desamor, no tempo repetido,
Em juramento, amável, e fiel.

De julgado réu a justo contendor,
Nenhum engano passou de bem somente
A mero enfado de alma e desfavor.

Para quem ama assim tão nobremente,
Menos cuidados colhe a seu favor
O que de júbilo ama eternamente.

De que outro amor então, amor, me falas...

De que outro amor então, amor, me falas
Quando tanto querer me desobriga
De querer-te, de querer-te, e tu te calas
Nesse jeito de outra vez ser rapariga?

Com que luz calma, amor, assim me embalas
E me cegas de paixão, amante, amiga,
De paixão, tal a escusa de esfolhá-las,
Rosas de inverno, ou só canção antiga?

Que o não saiba a noite que aí vem,
Pé ante pé como a sombra do caminho,
À hora em que ninguém vai a passar.

Que o não saiba eu, amor que a morte tem
Pressa, e arte de matar, devagarinho,
Quem ao partir, à noite, quer ficar.

VICTOR HUGO
1802, Besançon, França – 1885, Paris, França

Oh! vem, quando eu dormir, ao pé de onde me deito...

Oh! vem, quando eu dormir, ao pé de onde me deito,
como, outrora, a Petrarca ia Laura; e, ó visão,
que eu te sinta o perfume e ele me toque o peito...
        De repente, em meu leito,
          meus lábios sorrirão!

Sobre a minha cabeça, onde talvez falece
o negro sonho que é minha eterna aflição,
que desça o teu olhar como um sol que alvorece...
        Súbito, numa prece,
          meus sonhos brilharão!

Depois, em minha boca, onde volteja ardente
uma chama de amor que os astros bendirão,
deixa um beijo; e, mulher, em vez de anjo, presente,
        Verás que, de repente,
          meus olhos se abrirão!

Tradução de Corrêa Júnior

Ontem à noite

Ontem, — sozinhos — eu e tu, sentados,
Nos contemplamos, quando a noite veio:
Queixosa e mansa a viração dos prados
Beijava o rosto e te afagava o seio,
Que palpitava como — ao longe — o mar...
E lá no céu esses rubis pregados
Brilhavam menos, que teu vivo olhar!

Co'a mão nas minhas, no silêncio augusto,
Tu me falavas sem mentido susto,
E nunca a virgem, que a paixão revela,
Passou-me em sonhos tão formosa assim!
Vendo essa noite pura, e vendo a ti tão bela,
Eu disse aos astros: — dai o céu a ela!
Disse a teus olhos: — dai amor pra mim!

Tradução de Casimiro de Abreu

O amor

Pois que a beber me deste em taça transbordante,
E a fronte no teu colo eu tenho reclinado,
E respirei da tu'alma o hálito inebriante,
— Misterioso perfume à sombra derramado;

Visto que te escutei tanto segredo, tanto!
Que vem do coração, dos íntimos refolhos,
E tive o teu sorriso e enxuguei o teu pranto,
— A boca em minha boca e os olhos nos meus olhos;

Pois que um raio senti do teu astro, querida,
Dissipar-me da fronte as densas brumas frias,
Desde que vi cair na onda da minha vida
A pétala de rosa arrancada aos teus dias...

Posso agora dizer ao tempo, em seus rigores:
— Não envelheço, não! podeis correr, sem calma,
Levando na torrente as vossas murchas flores;
Ninguém há de colher a flor que eu tenho n'alma!

Podeis com a asa bater, tentando, sem efeito,
A taça derramar em que me dessedento:
Do que cinzas em vós há mais fogo em meu peito;
E, em mim, há mais amor que em vós esquecimento!

Tradução de Álvaro Reis

Ambos junto e sós, satisfeitos e rindo...

Ambos junto e sós, satisfeitos e rindo
Íamos apanhar as cerejas ao prado;
E ela os galhos vergava, às arvores subindo,
Com seus braços gentis de mármore nevado.

A aragem despencava as folhas; que harmonia
Dentro e fora de nós, que amplidão na paisagem!
Seu colo branco, ideal ondulava e fremia,
Entre as frechas do sol e o negror da folhagem.

Quando entre as ramas via algum fruto maduro,
Como um botão de fogo, entre os sarçais, vermelho,
Subia mais, mostrando, em um desleixo puro,
A perna inteira até a curva do joelho...

Meu namorado olhar a seguia somente,
Mas... sobe! me bradava a angélica menina;
E eu subia, e ela em cima apanhava contente
Coa pequenina mão a fruta pequenina.

E inclinada pra mim, entre os dentes, que louca!
Punha a cereja, e a rir ma ofertava sem pejo;
E a minha boca a arder poisando em sua boca
A cereja deixava e só trazia o beijo.

Tradução de Raimundo Correia

WILLIAM BUTLER YEATS
1865, Dublin, Irlanda – 1939, Menton, França

Jamais dê todo o coração...

Jamais dê todo o coração.
Mulheres passionais não dão
valor para o amor que parece
seguro. Ignoram que esvaece
de beijo a beijo, porque deve
ser um enlevo, um sonho breve.
Um típico deleite incerto.
Jamais dê o coração aberto
àquelas que seduzem logo,
ao dar seus corações em jogo.
Bobo e cego de amor, porém,
quem poderia jogar bem?
O custo disso o que aprendeu:
por dar seu coração, perdeu.

Tradução de Wagner Schadeck

WILLIAM SHAKESPEARE
1564, Stratford-upon-Avon, Inglaterra – 1616, idem

A Cena do Balcão do *Romeu e Julieta*

JULIETA
Por que partir tão cedo? inda vem longe o dia...
Ouves? é o rouxinol. Não é da cotovia
Esta encantada voz. Repara, meu amor:
Quem canta é o rouxinol na romãzeira em flor.
Toda a noite essa voz, que te feriu o ouvido
Povoa a solidão como um longo gemido.
Abracemo-nos! fica! inda vem longe o sol!
Não canta a cotovia: é a voz do rouxinol!

ROMEU
É a voz da cotovia anunciando a aurora!
Vês? há um leve tremor pelo horizonte afora...
Das nuvens do levante abre-se o argênteo véu,
E apagam-se de todo as lâmpadas do céu.
Já sobre o cimo azul das serras nebulosas,
Hesitante, a manhã coroada de rosas
Agita os leves pés, e fica a palpitar
Sobre as asas de luz como quem quer voar.
Olha! mais um momento, um rápido momento,
E o dia sorrirá por todo o firmamento,
Adeus! devo partir! Partir para viver...
Ou ficar a teus pés para a teus pés morrer!

JULIETA
Não é o dia! O espaço inda se estende, cheio
Da noite caridosa. Exala do ígneo seio
O Sol, piedoso e bom, este vivo clarão
Só para te guiar por entre a cerração...
Fica um minuto mais! por que partir tão cedo?

Romeu
Mandas? não partirei esperarei sem medo
Que a morte com a manhã venha encontrar-me aqui!
Sucumbirei feliz, sucumbindo por ti!
Mandas? Não partirei queres? direi contigo
Que é mentira o que vejo e mentira o que digo!
Sim! tens razão! não é da cotovia a voz
Este encantado som que erra em torno de nós!
É um reflexo da Lua a claridade estranha
Que aponta no horizonte acima da montanha!
Fico para te ver, fico para te ouvir,
Fico para te amar, morro por não partir!
Mandas? não partirei! cumpra-se a minha sorte!
Julieta assim o quis: bem-vinda seja a morte!
Meu amor, meu amor! olha-me assim! assim!

Julieta
Não! é o dia! é a manhã! Parte! foge de mim!
Parte! apressa-te! Foge! A cotovia canta
E do nascente em fogo o dia se levanta...
Ah! reconheço enfim estas notas fatais!
O dia!... a luz do Sol cresce de mais em mais
Sobre a noite nupcial do amor e da loucura!

Romeu
Cresce... E cresce com ela a nossa desventura!

Tradução de Olavo Bilac

AGRADECIMENTO

A todos os poetas e herdeiros que autorizaram a publicação dos poemas e, em especial, a Alexei Bueno, Astier Basílio, Carlos Newton Júnior, Daniele Cajueiro, Janaína Senna, Lia Sampaio, Rainer Seffrin, Ricardo Vieira Lima e Wagner Schadeck.

AS

CONHEÇA OS TÍTULOS DA COLEÇÃO CLÁSSICOS DE OURO

132 crônicas: cascos & carícias e outros escritos — Hilda Hilst
24 horas da vida de uma mulher e outras novelas — Stefan Zweig
50 sonetos de Shakespeare — William Shakespeare
A câmara clara: nota sobre a fotografia — Roland Barthes
A conquista da felicidade — Bertrand Russell
A consciência de Zeno — Italo Svevo
A força da idade — Simone de Beauvoir
A guerra dos mundos — H.G. Wells
A ingênua libertina — Colette
A mãe — Máximo Gorki
A mulher desiludida — Simone de Beauvoir
A náusea — Jean-Paul Sartre
A obra em negro — Marguerite Yourcenar
A riqueza das nações — Adam Smith
As belas imagens (e-book) — Simone de Beauvoir
As palavras — Jean-Paul Sartre
Como vejo o mundo — Albert Einstein
Contos — Anton Tchekhov
Contos de terror, de mistério e de morte — Edgar Allan Poe
Crepúsculo dos ídolos — Friedrich Nietzsche
Dez dias que abalaram o mundo — John Reed
Física em 12 lições — Richard P. Feynman
Grandes homens do meu tempo — Winston S. Churchill
História do pensamento ocidental — Bertrand Russell
Memórias de Adriano — Marguerite Yourcenar
Memórias de uma moça bem-comportada — Simone de Beauvoir
Memórias, sonhos, reflexões — Carl Gustav Jung
Meus últimos anos: os escritos da maturidade de um dos maiores gênios de todos os tempos — Albert Einstein

Moby Dick — Herman Melville
Mrs. Dalloway — Virginia Woolf
O amante da China do Norte — Marguerite Duras
O banqueiro anarquista e outros contos escolhidos — Fernando Pessoa
O deserto dos tártaros — Dino Buzzati
O eterno marido — Fiódor Dostoiévski
O Exército de Cavalaria — Isaac Bábel
O fantasma de Canterville e outros contos — Oscar Wilde
O filho do homem — François Mauriac
O imoralista — André Gide
O muro — Jean-Paul Sartre
O príncipe — Nicolau Maquiavel
O que é arte? — Leon Tolstói
O tambor — Günter Grass
Orgulho e preconceito — Jane Austen
Orlando — Virginia Woolf
Os mandarins — Simone de Beauvoir
Poemas de amor — Walmir Ayala (org.)
Retrato do artista quando jovem — James Joyce
Um homem bom é difícil de encontrar e outras histórias — Flannery O'Connor
Uma fábula — William Faulkner
Uma morte muito suave (e-book) — Simone de Beauvoir

Direção editorial
Daniele Cajueiro

Editora responsável
Janaína Senna

Produção editorial
Adriana Torres
Laiane Flores
Allex Machado

Revisão
Emanoelle Veloso
Kamila Wozniak

Diagramação
Douglas Kenji Watanabe

Capa
Victor Burton

Este livro foi impresso em 2021
para a Nova Fronteira.